Erfolgsfaktor Socializing

Lioba Werth · Christopher Thum

Erfolgsfaktor Socializing

Knigge für optimales
Auftreten und Networken

Lioba Werth
Zentrum für Training und
Weiterbildung
Münster, Deutschland

Christopher Thum
Eibelstadt, Deutschland

Teile von Kapitel 2 und 7 sind dem Werk „Werth, L. & Thum, C. (2007). Geschäftsessen souverän gestalten. Heidelberg: Spektrum Akademischer Verlag" entnommen.

ISBN 978-3-662-64884-1   ISBN 978-3-662-64885-8 (eBook)
https://doi.org/10.1007/978-3-662-64885-8

Die Deutsche Nationalbibliothek verzeichnet diese Publikation in der Deutschen Nationalbibliografie; detaillierte bibliografische Daten sind im Internet über http://dnb.d-nb.de abrufbar.

© Der/die Herausgeber bzw. der/die Autor(en), exklusiv lizenziert durch Springer-Verlag GmbH, DE, ein Teil von Springer Nature 2022

Das Werk einschließlich aller seiner Teile ist urheberrechtlich geschützt. Jede Verwertung, die nicht ausdrücklich vom Urheberrechtsgesetz zugelassen ist, bedarf der vorherigen Zustimmung des Verlags. Das gilt insbesondere für Vervielfältigungen, Bearbeitungen, Übersetzungen, Mikroverfilmungen und die Einspeicherung und Verarbeitung in elektronischen Systemen.

Die Wiedergabe von allgemein beschreibenden Bezeichnungen, Marken, Unternehmensnamen etc. in diesem Werk bedeutet nicht, dass diese frei durch jedermann benutzt werden dürfen. Die Berechtigung zur Benutzung unterliegt, auch ohne gesonderten Hinweis hierzu, den Regeln des Markenrechts. Die Rechte des jeweiligen Zeicheninhabers sind zu beachten.

Der Verlag, die Autoren und die Herausgeber gehen davon aus, dass die Angaben und Informationen in diesem Werk zum Zeitpunkt der Veröffentlichung vollständig und korrekt sind. Weder der Verlag, noch die Autoren oder die Herausgeber übernehmen, ausdrücklich oder implizit, Gewähr für den Inhalt des Werkes, etwaige Fehler oder Äußerungen. Der Verlag bleibt im Hinblick auf geografische Zuordnungen und Gebietsbezeichnungen in veröffentlichten Karten und Institutionsadressen neutral.

Titelbild: Business people (Nr. 21721554) © stock.adobe.com

Planung/Lektorat: Marion Kraemer

Springer ist ein Imprint der eingetragenen Gesellschaft Springer-Verlag GmbH, DE und ist ein Teil von Springer Nature.
Die Anschrift der Gesellschaft ist: Heidelberger Platz 3, 14197 Berlin, Germany

Inhaltsverzeichnis

Teil I   Baustein I – Das Grundverständnis

1   Socializing 3
  1.1   Socializing – warum es so wichtig ist 4
  1.2   Socializing – was es ist und woraus es besteht 8
  1.3   Was hat Einfluss auf unsere Socializing-Fähigkeiten? 12
    1.3.1   Persönlichkeit und Fähigkeiten 12
    1.3.2   Einstellung und innere Haltung 14
    1.3.3   Training – Gestalten Sie Ihre Gewohnheiten 16
  1.4   Grundvoraussetzung des Socializings: Gehen Sie in Kontakt 18
    1.4.1   Wie das „in Kontakt gehen" leicht wird 19
    1.4.2   Distant Socializing 21
  1.5   Take-Home-Message 26
  Literatur 27

Teil II Baustein II – Wahrnehmung und Wirkung

2 Die Macht des ersten Eindrucks 31
  2.1 Einfluss Nr. 1: Ihre nonverbale Wirkung 36
    2.1.1 Türöffner „Nonverbales Verhalten" 38
    2.1.2 Türöffner „Kleidung" 46
  2.2 Einfluss Nr. 2: Ihre paraverbale Wirkung 50
  2.3 Einfluss Nr. 3: Ihre verbale Wirkung 52
    2.3.1 Verbale Show-Stopper 52
    2.3.2 Verbale Türöffner 56
    2.3.3 Türöffner „Aktiv Zuhören" 60
  2.4 Take-Home-Message 64
  Literatur 65

3 Charisma, Sympathie und Attraktivität 73
  3.1 Charismatisch sein 74
  3.2 Sympathien erzeugen 78
    3.2.1 Attraktivität 80
    3.2.2 Ähnlichkeit 83
    3.2.3 Vertrautheit 88
    3.2.4 Assoziation mit Positivem 90
  3.3 Take-Home-Message 92
  Literatur 93

Teil III Baustein III – Die Kommunikation

4 Die Kunst des Smalltalkens 99
  4.1 Was es ist und was es soll 100
  4.2 Der Ablauf 101
  4.3 Die Gesprächsthemen 105
  4.4 Mit Schwierigkeiten umgehen 108
  4.5 Take-Home-Message 110

5 Die eigene Position und das eigene Metier erläutern — 111
- 5.1 Der Inhalt: Was ist zu sagen? — 114
- 5.2 Die Art und Weise: Wie ist es zu sagen? — 116
- 5.3 Den anderen nach seinem Metier befragen — 122
- 5.4 Take-Home-Message — 127

Teil IV Baustein IV – Situations-Know-how

6 Den situativen Rahmen abstecken — 131
- 6.1 Psychologische Bedeutung des Miteinander-Essens — 132
- 6.2 Wirkung des Ambientes — 134
- 6.3 Take-Home-Message — 136
- Literatur — 137

7 Vom souveränen eigenen Auftreten und guten Umgangsformen — 139
- 7.1 Die Vorbereitung — 141
  - 7.1.1 Das Gastgeschenk — 142
  - 7.1.2 Wer zahlt? — 145
- 7.2 Der Anfang/das Eintreffen — 148
  - 7.2.1 Der Weg nach drinnen: Vom Türaufhalten und Garderobeabnehmen — 150
  - 7.2.2 Begrüßung — 152
  - 7.2.3 Namen und Titel — 155
  - 7.2.4 Umgang mit Visitenkarten — 158
- 7.3 Der Verlauf — 161
  - 7.3.1 Seien Sie zuvorkommend! — 161
  - 7.3.2 Das Miteinander Anstoßen — 163
  - 7.3.3 Den Service rufen — 164
  - 7.3.4 Vom Tisch aufstehen — 165

		7.3.5	Reklamation – wenn das Essen nicht schmeckt	166
		7.3.6	Umgang mit Ungenießbarem und Missgeschicken	167
	7.4	Das Ende/Der Abschluss		170
		7.4.1	Die Rechnung	171
		7.4.2	Das Ende einleiten	172
		7.4.3	Der Weg nach draußen – vom Umgang mit Garderobe und Tür	174
		7.4.4	Verabschiedung	177
		7.4.5	Nachbereitung	178
	7.5	Take-Home-Message		179
	Literatur			180
8	**Networking betreiben**			**183**
	8.1	Wovon Sie als Networker profitieren können		185
	8.2	Wie Networking geht		189
		8.2.1	Networking – Grundlagen und erste Schritte	190
		8.2.2	Networking in den Social Media	196
		8.2.3	Die Bange vor dem Networking	199
	8.3	Take-Home-Message		201
	Literatur			201

Stichwortverzeichnis 203

Teil I

Baustein I – Das Grundverständnis

1

Socializing

> **Life Piece**
>
> Sie kommen zu einer Party/Empfang/Veranstaltung, sind alleine, kennen niemanden außer dem Gastgeber. Sie fühlen sich unwohl? Dies würde den meisten so gehen – so richtig wissen wir meist nicht, wie man sich nun optimalerweise verhält, wie man mit anderen ins Gespräch kommt, wo man sich wie positionieren soll, um nicht verloren zu wirken und gelangweilt rumzustehen. Am liebsten würde man vermutlich bald wieder gehen.
> – Szenenwechsel – Stunden später amüsieren Sie sich wider Erwarten köstlich, haben mehrere sehr nette Gesprächspartner gefunden, spannende Themen, heitere Momente und bereichernden Austausch erlebt. Sie freuen sich, all diese Menschen getroffen zu haben und hoffen, dass man sich mal wieder sieht. Was ist passiert? Was war verantwortlich für den gelungenen Abendverlauf? Zufall und Glück oder gab es psychologisch relevante Schlüsselmomente?

Sind Sie beruflich erfolgreich? Ja? Und worauf führen Sie es zurück? Und falls Sie sich (noch) nicht als erfolgreich ansehen, gilt die gleiche Frage: Woran liegt's? Es ist nie die persönliche Leistung alleine, die zählt, weder im Erfolgs- noch im Misserfolgsfall. Es kommen noch einige Komponenten hinzu, beispielsweise die Person(en), die Sie unterstützen und fördern, Ihr Bekanntheitsgrad, Timing, Glück und Zufall. Und all dem können Sie etwas auf die Sprünge helfen, nämlich indem Sie selbst Einfluss nehmen auf Ihr Auftreten, Ihre Wirkung und Ihren Umgang mit anderen.

Die Überschrift, unter der Sie nachfolgend diesbezügliche Tipps, Tricks und Erkenntnisse versammelt finden, lautet Socializing. Socializing ist sozusagen Ihr Handwerkszeug, es ist der Schlüssel, mit dem Sie einen Zugang zu anderen Menschen finden und diese im besten Fall für sich gewinnen können.

In diesem Kapitel wird zunächst skizziert, warum Socializing so bedeutsam ist (Abschn. 1.1), was man unter Socializing im Einzelnen versteht (Abschn. 1.2) und welche Fähigkeiten zu seinem Erfolg beitragen (Abschn. 1.3). Abschließend wird aufgezeigt, wie das in Kontakt kommen konkret gelingen kann, auch in Zeiten von social distancing (Abschn. 1.4).

1.1 Socializing – warum es so wichtig ist

Was haben Sie letztendlich davon, wenn Sie gut socializen können?
Als guter Socializer[1] sind Sie

---

[1] Der besseren Lesbarkeit halber wird im gesamten Buch überwiegend das generische Maskulin („der Gastgeber") verwendet. Selbstverständlich sind dennoch Personen aller Geschlechter gemeint und dürfen sich gleichermaßen angesprochen fühlen.

- *gern gesehen und beliebt.* Wenn man mit Ihnen „will", dann sieht man auch über so manch ein Manko hinweg oder ist bereit, ein Hindernis in Kauf zu nehmen.
- *wahrnehmbar,* nicht länger unscheinbar – und nur wer wahrgenommen wird, der wird auch bedacht, einbezogen, aktiv unterstützt.
- in der Lage, sich gezielt neben *einzelnen Kontakten* auch ganze *Netzwerke zu erschließen* und aufrechtzuerhalten – und das ist heutzutage zunehmend bedeutsamer, für manch einen sogar beruflich überlebenswichtig (vgl. Kap. 8, Networking betreiben).

Wie heißt es so schön? Beziehungen schaden nur dem, der keine hat. Und damit ist nicht nur Vitamin B gemeint, sondern echte Beziehungen, Freundschaften, Partnerschaften im Privaten wie im Beruflichen. Doch beruflich erfolgreich zu sein heißt in aller Regel: wenig Zeit haben, viele Kontakte wahrnehmen müssen, ständige Erreichbarkeit und wenn man nach Hause kommt, sich auf Ruhe freuen, denn geredet hat man ja nun schon den ganzen Tag. Da bleiben insbesondere private Kontakte ganz schön auf der Strecke. Doch ist dies schade, denn Forschungsergebnisse zeigen, dass Menschen, die sozial gut vernetzt sind, gesünder sind, länger leben und mehr Wohlbefinden haben.

Sie denken vielleicht gerade, „ja, was nützt mir diese Erkenntnis, ich würde ja gerne privaten Treffen und wichtigen Geschäftspartnern mehr Raum geben, doch wann soll ich das noch unterkriegen?" Wie so oft im Leben, gilt auch hier: Es geht nicht um Quantität und nicht um die Frequenz, sondern um Qualität und Beständigkeit im Kontakt. Entscheidend ist, auf welche Weise Sie sich dem Anderen widmen – nämlich mit quality time. Wie nachfolgend zu sehen ist, tragen gelingende Beziehungen dazu bei, die eigene Arbeitsleistung, Gesundheit und das Wohlbefinden zu erhalten. Es wäre doch bedauerlich, diese Chance nicht zu nutzen. Daher: Kümmern Sie sich darum, dass Sie gelingende Beziehungen haben.

Psychologische Auswirkungen gelingender Beziehungen
Sowohl gute Bekanntschaften, insbesondere aber tiefere Kontakte, wie Freundschaften und Familienstrukturen, zählen zu sog. stabilisierenden Sozialkontakten (sofern sie gelingen und uns nicht jede Kraft rauben). Sie alle betten uns nämlich in ein Beziehungsgefüge ein, welches verschiedene psychologische Funktionen erfüllt und uns nährt. Der Grund dafür ist, dass der Mensch ein Beziehungswesen ist. Wir suchen Anschluss an andere, um Bestätigung, Anerkennung und Unterstützung zu finden, denn diese Faktoren geben uns Sicherheit. Fehlen diese Sozialkontakte, wirkt das sehr belastend auf uns, kann uns mitunter infrage stellen und einen Risikofaktor für das Auftreten depressiver Erkrankungen bedeuten (Cacioppo et al., 2006; Cacioppo & Cacioppo, 2018).

Sicherlich haben Sie schon an sich selbst beobachtet, wie eine gute Party, ein gutes Gespräch oder gemütlich zusammen auf der Couch zu sitzen, Ihre Laune verbessert. Die meisten Menschen fühlen sich wohler, wenn sie mit anderen Menschen zusammen sind (Berscheid & Reis, 1998; Kahneman et al., 2004). Ein soziales Netzwerk sowie häufigere Kontakte zu anderen Menschen haben immens positive Auswirkungen: Sie führen zu mehr Lebenszufriedenheit, zu höherer psychischer und physischer Gesundheit (Kawachi & Berkman, 2001; Powdthavee, 2008). Doch ist dies nicht nur im privaten, sondern auch im Arbeitskontext so: Forschungsergebnisse belegen einen deutlichen Einfluss sozialer Beziehungen am

Arbeitsplatz auf die mentale Gesundheit, das psychische Befinden sowie auf Motivation, Arbeitszufriedenheit und Leistung (Drössler et al., 2016). Wer mit seinen Kollegen Ratschläge und Informationen austauschen kann, erbringt eine höhere Arbeitsleistung (Sparrowe et al., 2001). Fehlende soziale Unterstützung geht hingegen mit einem erhöhten Burnout-Risiko und verminderter Arbeitszufriedenheit einher.

Gelingende Beziehungen sind also Ressourcen, die uns persönlich stabilisieren, die uns signalisieren, sich aufeinander verlassen und Herausforderungen gemeinsam bewältigen zu können. Nicht nur die tatsächliche Hilfe, sondern bereits das Vertrauen auf zukünftige Hilfe bewirkt nachweislich eine Stressreduktion. Damit Sie hiervon profitieren können, muss Ihr Netzwerk allerdings stehen, *bevor* Sie es brauchen. Oder wie es im Volksmund heißt: „Man baut Netzwerke, wenn man sie *nicht* braucht, um davon zu profitieren, *wenn* man sie braucht." Sich erst um Kontakte zu bemühen, wenn man sie dringend benötigt, wird nicht (ausreichend) gelingen.

Übrigens: Ein großer „Freundes- und Followerkreis" auf Facebook, Instagram, Twitter & Co bringt keine bessere Gesundheit, da diese „Freunde" nicht die gleichen psychologischen Funktionen erfüllen wie Freunde, die man regelmäßig trifft. Es bedarf tatsächlich der ganz klassischen persönlichen Treffen bzw. Gespräche, um sich verbunden und unterstützt zu fühlen (Lima et al., 2017).

Vielleicht hätten Sie ja auch gern mehr soziale Kontakte als Sie derzeit haben? Kein Problem, dann beginnen Sie einfach jetzt damit, diese aufzubauen. Dieses Buch ist dazu eine durchaus gute Hilfestellung.

1.2 Socializing – was es ist und woraus es besteht

Socializing ist definiert als Geselligkeit oder auch als „berufliche Kontaktpflege im Rahmen von geselligen Treffen bzw. Veranstaltungen". Socializing ist sozusagen die (soziale) „Währung", um miteinander in Kontakt oder ins Geschäft zu kommen bzw. zu bleiben. Es umfasst die Basisfähigkeit, die Sie brauchen, um Kontakte zu gewinnen und darauf aufbauend dann Netzwerke entwickeln und pflegen zu können. Neben Ihrem fachlichen Können ist es damit eine weitere Basiskompetenz für beruflichen – und auch privaten Erfolg.

Ganz konkret geht es um soziale Situationen, in denen man auf bekannte oder unbekannte Personen trifft und mit ihnen gesellig beisammen ist. Sicherlich fallen Ihnen in diesem Sinne unzählige Situationen ein, vermutlich auch viele, bei denen Sie sich unwohl gefühlt haben – weil Sie niemanden kannten, es langweilig, unangenehm oder auch kompetitiv war. Und hoffentlich haben Sie auch schon zahlreiche Situationen dieser Art erlebt, in denen es angenehm, erfreulich, inspirativ und amüsant zuging. Allzu häufig socializen wir einfach, ohne uns Gedanken zu machen, was es eigentlich ist und wie es geht. Dies mag so lange funktionieren, wie es gut geht. Doch wenn Sie Ihre Wirkung und Kontaktfähigkeiten nicht länger dem Zufall überlassen wollen, oder Sie beispielsweise durch einen Job- oder Ortswechsel gezwungen sind, Ihre Sozialkontakte ganz von vorne aufzuziehen, mag es spätestens hilfreich sein, das Ganze einmal genauer unter die Lupe zu nehmen oder sogar gezielt anzugehen.

Worauf kommt es an?

Um es salopp zu formulieren: Kontakten Sie noch oder connecten Sie schon? Es geht nicht darum, möglichst viele Kontakte zu haben und herzustellen, sondern sich gut zu verbinden – und das ist ein gewaltiger Unterschied. Dieses „sich mit anderen verbinden" setzt sich aus verschiedenen Komponenten zusammen (vgl. Abb. 1.1). Die Hauptsäulen des Socializings sind:

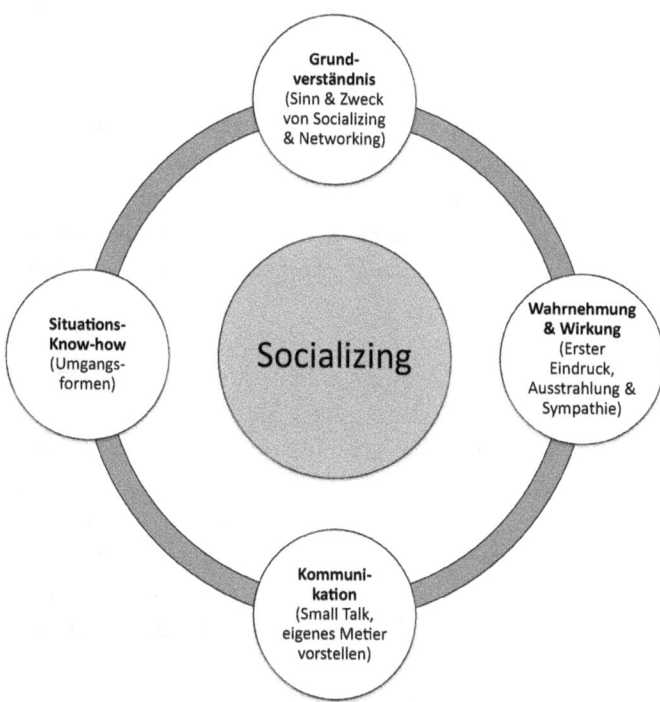

Abb. 1.1 Die Bestandteile eines erfolgreichen Socializings. Auf alle vier können Sie Ihrerseits jederzeit Einfluss nehmen

1. **Grundverständnis**
Zunächst einmal müssen Sie Sinn, Zweck und Methoden sowie die Spielregeln des *Socializens und des Netzwerkens* kennen (Kap. 1 und 8), denn nur so können Sie das Socializen auch zu Ihrem Erfolg nutzen.

2. **Wahrnehmung und Wirkung**
Darüber hinaus gilt es zu wissen, wie und wodurch Menschen wirken – denn dies ist Grundlage dafür, um an Ihrer eigenen Wirkung zu arbeiten und die Wirkung, die andere auf Sie haben, adäquat einordnen zu können. Wenn wir auf einen Menschen treffen, bilden wir uns in wenigen Sekunden bereits einen ersten Eindruck von ihm – diese ersten Momente sind daher bereits bedeutsam für das Socializing. Erfahren Sie in diesem Buch, wie Sie gezielt diesen *ersten Eindruck* (Kap. 2) gestalten können und welche weiteren Aspekte *Charisma und Sympathie* entstehen lassen (Kap. 3).

3. **Kommunikation**
Des Weiteren kommt es auf die kommunikativen Verhaltensweisen an: Wie geben Sie sich und auf welche Weise bespielen Sie die Situation, um Verbindungen herzustellen? Verfügen Sie über ein hierfür geeignetes Verhaltensspektrum von nonverbalem Verhalten bis hin zum *Small Talk* (vgl. Kap. 4)? Wie gut gelingt es Ihnen bislang, sich und *das eigene Metier vorzustellen* und dabei beruflich interessante Verbindungen und Chancen aufzutun (Kap. 5)?

4. **Situations-Know-how**
Nicht zuletzt sind die Umgangsformen, die Personen in der jeweiligen Situation an den Tag legen, entscheidend dafür, wie wohl man sich mit ihnen fühlen kann. Der Rahmen bzw. Kontext ist zu beachten, welches Auftreten ist wann und wo angemessen bzw. hilfreich?

Ein Stehempfang ermöglicht beispielsweise andere Optionen sich zu verbinden als ein gesetztes Geschäftsessen. Entsprechend benötigen Sie nicht nur *Umgangsformen,* sondern auch Kenntnis der *jeweiligen situativen Anforderungen,* um sich adäquat verhalten und einbringen zu können (Kap. 6 und 7).

Selbstverständlich ist bei alldem die *zeitliche/chronologische Abfolge* entscheidend: Treffen Sie im Rahmen des Socializings auf neue (Erstkontakt) oder auf bekannte Kontakte (Kontakthalten bzw. Wiederauffrischen) oder aber betreiben Sie ggf. sogar explizit Netzwerkarbeit? Sie können beim Socializen nicht mit der Tür ins Haus fallen, sondern müssen in aller Regel dem Ganzen auch Zeit geben, sich zu entwickeln. Kennt man sich noch nicht, so sind andere Komponenten bedeutsamer, um eine Verbindung herzustellen (beispielsweise der erste Eindruck, vgl. Kap. 2; gutes Auftreten, Kap. 7), als wenn man sich bereits vertrauter ist.

Schließlich ist eine gute *Passung zwischen den Beteiligten* erforderlich: Sich zu verbinden gelingt, wenn Sie mit dem/den anderen auf einer Wellenlänge, einer Ebene sind, d. h. an diese andocken (nicht einer spricht im Jugendslang und einer Fachchinesisch; vgl. sprachlich andocken in Abschn. 2.3.2 sowie passende Wahl der Location in Abschn. 6.2). Fallen die „Sprachen" zu weit auseinander indem Sie beispielsweise Hierarchieebenen, Altersunterschiede, kulturelle Einflüsse etc. nicht überbrücken/übersetzen, wird es mit einer wirklichen Verbindung schwierig.

Doch immer gilt: Sobald Sie die Psychologie und die dazugehörigen Tools hinter alledem verstehen, können Sie mit ein bisschen Übung auch unter widrigen Umständen oder obwohl es vielleicht bislang so gar nicht Ihr Ding war, ein gelingendes Socializing zu betreiben.

Wenn wir Ihnen nun im Laufe dieses Buchs Verhaltens-Tipps und Formulierungshilfen an die Hand geben, so verstehen Sie diese bitte als grobe Richtschnur, nicht aber als sklavische Vorgabe, an die Sie sich zu halten haben. Socializing lebt von Authentizität, Spontanität und Lebendigkeit; alles muss in den jeweiligen Kontext und zu Ihnen passen. Setzen Sie daher bitte unsere Beispiele in Ihre eigene Sprache um, passen Sie sie ans Gegenüber an und übertragen Sie sie in Ihr spezifisches Umfeld, sodass es stimmig ist. Manches werden Sie so 1:1 übernehmen können, anderes ist sicherlich an Ihre Gegebenheiten anzupassen.

1.3 Was hat Einfluss auf unsere Socializing-Fähigkeiten?

Vermutlich denken Sie nun, tja, wer vom Typ her gesellig ist, für den ist das ein Kinderspiel – und Recht haben Sie, ein stückweit zumindest. In der Tat ist es so, dass es einen Einfluss der Persönlichkeit auf die Socializingfähigkeiten gibt, aber nicht nur, denn Socializing hat auch sehr viel mit Training und erlernten Fähigkeiten zu tun sowie mit der inneren Haltung, mit der Sie an das Ganze herangehen. All dies skizzieren wir Ihnen nun der Reihe nach.

1.3.1 Persönlichkeit und Fähigkeiten

Wie gut uns das Kontakten und auf andere zugehen gelingt, wird durch mehrere Faktoren beeinflusst. Einer davon ist unser **Selbstwertgefühl**: Wer sich minderwertig fühlt, wird in Gesellschaft unsicherer sein als der, der sich so akzeptiert, wie er ist, oder der, der aufgrund eines grandiosen (echten oder eingebildeten) Selbstwertgefühls wie ein Star auf der Bühne auftritt. Des Weiteren gibt es einen Zusammenhang zwischen der Größe des Netzwerks, das jemand bespielt und seinem Ausmaß der Persönlichkeitseigenschaft **Extraversion**, was nicht überraschend ist: Wer extrovertiert und gesellig ist, verfügt über ein größeres Netzwerk (Asendorpf et al., 2017).

Schließlich spielt die **soziale Kompetenz** einer Person eine Rolle, denn sie befähigt dazu, mit anderen Menschen gut zurechtzukommen und das wiederum eröffnet (insbesondere auf lange Sicht) beruflichen Spielraum: Wir alle kennen Menschen, die zwar hochintelligent, aber sozial inkompetent sind, was ihrem beruflichen Erfolg entgegensteht oder ihn sogar gefährdet. Umgekehrt mag es auch durchaus weniger intelligente Menschen geben, die aber aufgrund ihrer hohen sozialen Kompetenzen in der Lage sind, sich gut zu vermarkten und beruflich voranzukommen. Beim Socializen sind vor allem drei Komponenten der sozialen Kompetenz bedeutsam (Ames & Flynn, 2007):

- *Beziehungsfähigkeit*, d. h. die Fähigkeit, positive Beziehungen mit anderen Menschen einzugehen und aufrechtzuerhalten.
- *Einfühlungsvermögen* (auch Empathie genannt), d. h. die Fähigkeit, andere zu verstehen und sich in sie einzufühlen sowie
- *Soziale Handlungskompetenz*, d. h. die Fähigkeit, schwierige soziale Situationen zu meistern (beispielsweise zwischenmenschliche Konflikte).

Weitere relevante Eigenschaften von Personen sind beispielsweise all jene, die zu ihrem **Charisma, ihrer Attraktivitäts- und Sympathiewirkung** beitragen. Diese werden im Teil II des Buchs (Wirkung und Wahrnehmung einer Person) besprochen.

Beachten Sie bitte: Solche Eigenschaften oder Mentalität sind kein Handicap, sondern lediglich eine zu beachtende Tatsache, mit der es umzugehen gilt. Also verstecken Sie sich nicht dahinter, nach dem Motto, „ich bin halt von Natur aus schüchtern und daher lerne ich nie jemanden kennen", sondern packen Sie den Stier bei den Hörnern: Sie sind schüchtern? Eher introvertiert? Dann brauchen Sie einfach ein paar mehr Verhaltensstrategien und Rahmenbedingungen als ein extrovertierter Mensch, d. h. aber keinesfalls, dass Sie keine oder schlechtere Kontakte haben werden (siehe dazu auch Abschn. 8.2, wie Networking geht)!

1.3.2 Einstellung und innere Haltung

Mit welcher inneren Haltung gelingt es Ihnen am ehesten auf andere zuzugehen? Gerade, wenn dies nicht gerade Ihre Lieblingsbeschäftigung ist, wird Ihnen Ihr Kopfkino wahrscheinlich wunderbare Szenen vor Augen führen, die Ihre Befürchtungen nur größer machen als es hilfreich ist. Wir möchten Ihnen daher ein paar Denkwerkzeuge bzw. Perspektiven an die Hand geben, die Ihnen vielleicht zu mehr Leichtigkeit verhelfen können:

Gelassenheit. Wie wäre es mit dem inneren Leitsatz „Ein Kontaktversuch ist ein Kontaktversuch". Gelingt er, ist's wunderbar. Misslingt er, kann dies neben Ihrer bewussten Situationsgestaltung genauso vielfältige Ursachen haben, wie der Erfolg: der richtige/falsche Moment, Muße, Laune dafür oder einfach ein guter/schlechter Tag. Auch Ihr Gegenüber hat ein Recht auf ein „nein" und das soll dann dieses Mal wohl einfach so sein. Vielleicht gibt es rückblickend etwas, das Sie nicht gesehen oder anders eingeschätzt haben (möglicherweise dachten Sie „sie stand doch endlich mal ganz alleine da und hat einfach nur etwas getrunken, da kann man doch gesellig auf sie zugehen" – vielleicht war sie aber erschöpft von all den Gesprächen zuvor, brauchte einfach mal eine Pause und reagierte daher etwas einsilbig auf Ihren Kontaktversuch). Nehmen Sie es sportlich, lernen Sie draus und steigen Sie wieder in den Sattel: Übung macht den Meister, suchen Sie den nächsten Kontakt auf.

Interesse am anderen. Sie wollen sich nicht anbiedern? Sie sollen sich auch gar nicht anbiedern, sondern *anbieten* – als Gesprächspartner, als Kooperationspartner etc. Sie finden Menschen, die sich profilieren und übertoll darstellen, nervig? Sie wollen nicht erscheinen wie jemand mit Profilneurose? Sehr gut, denn darum geht es auch gar nicht. Vielmehr geht es darum, sich (überhaupt) zu zeigen, sichtbar für das Gegenüber zu werden, darum auf andere zuzugehen und sich selbst (angemessen) darzustellen. Wie wäre es mit dem inneren Leitsatz „Mal sehen, was ich bei diesem Kontakt über mich, über die andere Person und vielleicht sogar über uns beide in Erfahrung bringen kann!" Wenn Sie schlichtweg neugierig und gespannt auf die anderen sind, können Sie ihnen besser zuhören und in eine echte Verbindung eintreten. Sie finden nicht spannend, was andere tun? Sie können sich nicht dafür erwärmen, zu hinterfragen, wieso Steuerrechtdetails oder Golfhandicaps abendfüllend sein können? Das ist der springende Punkt, es geht nicht darum, dass Sie dieselbe Faszination oder Irritation spüren sollen, sondern darum, dass Sie den anderen Menschen kennenlernen – neugierig beobachten statt urteilen und bewerten ist das Credo: Wie ist dieser Mensch zu seinem Beruf/Hobby/Standpunkt gekommen? War das schon immer so? Was genau löst diese Faszination/ Irritation /… aus? Wenn Sie mit dieser Einstellung neugierig auf andere zugehen, werden Sie nicht enttäuscht, sondern in jedem Fall etwas lernen und beim Gegenüber das wohlige und vertrauensbildende Gefühl hinterlassen, dass sich jemand für ihn interessiert (hat). Kurzum: wer spürt, dass man sich für ihn und seine Themen interessiert, wird sich Ihnen öffnen. (Wie Sie dem anderen Ihr Interesse zeigen, lesen Sie in Abschn. 2.3.2, Fragen stellen.)

Teamgeist und Hilfsbereitschaft. Ebenso einflussreich auf die Atmosphäre zwischen Ihnen und dem Gegenüber ist, ob Sie sich auch dem anderen mit Profit- bzw. Konkurrenzgedanken oder aber mit Teamgeist und Hilfsbereitschaft zuwenden. Sie bemerken in seinen Ausführungen, dass Sie zu dem von ihm Gesagten etwas beitragen können? Ihm vielleicht einen Kontakt vermitteln oder einen Tipp geben können? Dann können Sie dies anbieten (aber nicht aufdrängen!) und schlichtweg erfragen, ob er an Ihren Erfahrungen interessiert ist. Wer hingegen mit seinem Wissen nur hinterm Berg hält, im anderen nur Konkurrenten sieht, die er aushorchen oder von denen er profitieren will, der wird früher oder später durchschaut. Ein authentisches Socializing lebt davon, dass Sie sich auch einbringen und nicht nur einseitig Ihren Nutzen daraus ziehen. Wer spürt, dass Sie nahbar und hilfsbereit sind, dass Sie auf Gegenseitigkeit bauen, der wird sich Ihnen gegenüber aufgeschlossener zeigen.

1.3.3 Training – Gestalten Sie Ihre Gewohnheiten

Vielleicht denken Sie gerade „Uff, was für eine Latte an Fähigkeiten und Verhaltensweisen, wie soll ich dies nur alles hinkriegen?" Die gute Nachricht ist: Der Mensch ist ein Gewohnheitstier! Alles, was wir häufig anwenden, kostet uns zunehmend weniger Aufmerksamkeit, wird immer mehr zur Gewohnheit und somit bald automatisch verwendet. Nehmen Sie nur unsere Sprache, unsere Formulierungen – sie sind reine Gewohnheit, wir benutzen sie meist ohne nachzudenken. Und wer bestimmt Ihre Gewohnheiten? Genau, das sind Sie selbst! Sie haben es in der Hand, niemand anders. Wir können Sie nur ermuntern, Ihre sprachlichen Gewohnheiten und Gepflogenheiten zu überdenken und bewusst zu gestalten, denn Sie öffnen Ihnen entweder Tür und Tor oder aber stellen kaum zu überwindende Hindernisse in den Begegnungen mit anderen dar.

Der Mensch ist ein Gewohnheitstier, Gewohnheiten werden auf dem gleichen Weg angelegt wie abgelegt – über's Tun; sei es Sprache, Ernährung, Sport oder was auch immer. Zweifelsohne braucht es eine gewisse Umgewöhnungszeit, einige Wochen sollten Sie der Etablierung des Neuen (und damit auch dem Loslassen des Alten) Ihre volle Aufmerksamkeit schenken, bevor es zunehmend selbstverständlich – also eine neue Gewohnheit wird. Dranbleiben und kontinuierliches Üben machen bei Veränderungen den Meister! Daher macht das, was Sie gerade tun, nämlich dieses Buch zu lesen, total Sinn. Verinnerlichen Sie die in diesem Buch gegebenen Verhaltenstipps und Formulierungshilfen, sodass Sie sie nicht nur verstanden, sondern auch auf Ihre Situation angewandt haben. Legen Sie sich für den jeweiligen Kontext geeignete Verhaltensweisen und Formulierungen zurecht. Wenn Sie dann in einer konkreten Situation etwas tun oder einen Satz sagen und merken, dass dies noch nach altem Muster und eher ungünstig war, sagen Sie beispielsweise den Satz (auch vor anderen) einfach nochmals in der neuen Formulierung („um es anders zu sagen, …") – Ihr Gehirn muss einmal mehr das Richtige getan, gehört und verarbeitet haben als das Falsche, dann wird es immer einfacher abzurufen sein und mit der Zeit zur Gewohnheit. Ein Aufwand, der sich auszahlen wird!

Von Zeit zu Zeit oder auch nach einem speziellen Event sollten Sie Revue passieren lassen: Wie steht es um Ihr Kontaktverhalten, was lief gut, was nicht? Reflektieren und evaluieren Sie, überlegen Sie sich ggf. neue Verhaltensweisen und Optionen (beispielsweise von wem schau ich mir noch was ab?) und passen dann Ihr Verhalten entsprechend an. Solche Feinadjustierungen sind wichtig, um sich gezielt verbessern zu können. Ohne Reflexion verschenken Sie eine gehörige Chance, Ihren Erfolg weiter auszubauen und das wäre sehr schade.

1.4 Grundvoraussetzung des Socializings: Gehen Sie in Kontakt

Bei alldem, was Sie nun in diesem Buch lesen, gilt eine Grundvoraussetzung: Dass Sie selbst tatsächlich in Kontakt treten mit anderen. Denn wenn Sie „nur" das Buch lesen und danach hoffen, dass sich Ihr (Socializing-)Leben ändert, wird dies nicht funktionieren. Wer immer nur auf die Kontaktaufnahme anderer wartet, wird oft alleine bleiben. Sie müssen schon selbst aktiv werden. Wie kann Ihnen dies gelingen?

Zunächst einmal gilt, so trivial es klingen mag: Sie müssen auch tatsächlich in Kontakte hineingehen, Kontakte (auf-)suchen. Typischerweise suchen wir Kontakte innerhalb von Familie, Freunden und Freizeitaktivitäten. Darüber hinaus bieten sich Ehrenämter an, wenn Sie beispielsweise im Sportverein, im politischen, kulturellen oder wirtschaftlichen Umfeld mitarbeiten, kommen Sie mit netzwerkgeeigneten Personen in Kontakt. Schließlich sind auch geschäftliche Sphären bedeutsam, der eigene Arbeitgeber, Business Clubs, berufsständische Verbände etc. Des Weiteren sind Social Media Plattformen nicht mehr wegzudenken (wie Facebook, Xing und andere; vgl. Abschn. 8.2.2). Allen ist eines gemeinsam: Es gibt sie, doch Sie müssen aktiv werden und dort hingehen, sich bemerken lassen, sich einbringen und sichtbar werden (vgl. dazu auch Kap. 8, Networking betreiben). Allzu oft haben wir keine Lust, in unserem allzu vollen Terminkalender noch den Empfang, die Produktpräsentation oder die Weihnachtsfeier unterzubringen – doch nur wer Präsenz zeigt (selbst wenn diese kurz ist), kommt auch in Kontakt.

1.4.1 Wie das „in Kontakt gehen" leicht wird

Nehmen wir nun an, Sie sind alleine auf einem Empfang oder einer Vernissage und würden gerne mit anderen in Kontakt kommen. Wie könnten Sie dies in einer solchen Situation leicht(er) erreichen?

Signalisieren Sie Gesprächsbereitschaft. Wer nicht Gesprächsbereitschaft signalisiert, wird nicht in spontanen Kontakt kommen. Signalisieren Sie Ihre Offenheit für einen Kontakt, indem Sie den Blick schweifen lassen, lächeln, aufmerksam sind. Wenn man merkt, dass Sie (von Ihrer ganzen Ausstrahlung her) gesprächsbereit, ansprechbar und offen sind, kommt man gerne auf Sie zu. Wer hingegen verschlossen wirkt, zu Boden schaut oder wegblickt, den will man nicht kontaktieren.

Entscheiden Sie, auf wen Sie zugehen möchten. Vielleicht picken auch Sie sich jemanden heraus, den Sie nun ansprechen möchten. Wie gehen Sie am besten vor? Folgendes Schema hat sich bewährt: Gruß – Name –

Information geben – Frage anschließen. (Beispielsweise „Guten Abend, mein Name ist Christopher Thum, ich bin hier als Vertreter der abc. Gehören Sie ebenfalls zum xyz?/Welchen Fachbereich vertreten Sie hier?") Sie sehen, Sie müssen keine geistigen Höhenflüge unternehmen, keinen besonders originellen Einstieg finden, sondern einfach nur den Kontext aufgreifen, mit einer Frage verbinden und schon ist der Erstkontakt da (vgl. Small Talk, Kap. 4; zum Umgang mit Namen und Visitenkarten siehe Abschn. 7.2.3 und 7.2.4).

Lassen Sie sich nicht nur von Sympathie leiten. Nur weil Sie die Hemdfarbe desjenigen oder seine Schuppen auf dem Jackett nicht mögen, ist dies kein Grund, nicht mit ihm zu socializen oder zu networken. Natürlich tun wir uns alle leichter mit jenen, die wir mögen und die uns mögen, doch manchmal entdecken wir ja Sympathien erst, wenn wir uns kennengelernt haben – von daher lassen Sie sich nicht von einem Erstkontakt abhalten, nur weil Ihnen jemand spontan nicht sympathisch erscheint.

Beteiligen Sie sich am Gespräch – verbal und nonverbal. Sie werden hier in diesem Buch um eines nicht herum kommen: Der Erkenntnis ins Auge zu blicken, dass Sie mit Schweigen weder socializen noch networken (können). Vielleicht denken Sie „Reden ist Silber, Schweigen ist Gold" – doch trifft dies leider nicht in diesem Kontext zu. Ihr Schweigen kann in geselliger Runde eher als unbeteiligt, als „nicht Teil der Gruppe sein (wollen)" interpretiert werden und beinhaltet mehrdeutige Interpretationsmöglichkeiten: Unsicherheit, Desinteresse, Arroganz, Konfliktvermeidung, Unvermögen etc. Wer schweigt, bietet den anderen kein angenehmes Gegenüber, keinen Wiederhall, erlaubt keinen wohltuenden Dialog.

Das ist jedoch nicht das, was Sie erreichen sollten oder wollen. Daher werden Sie im Laufe des Buchs zahlreiche Möglichkeiten finden, wie Sie Schweigen ersetzen können durch andere Verhaltensweisen, angefangen von *aktivem Zuhören* (Abschn. 2.3.3), was keinesfalls mit Schweigen gleichzusetzen ist, auch wenn man hier wenig spricht, über *Fragen stellen* (Abschn. 2.3.2) bis hin zu *Small Talk* (Kap. 4) und dem *Sprechen über die eigenen beruflichen Belange* (Kap. 5).

Darüber hinaus gelingt das Kontakte knüpfen natürlich demjenigen besonders gut, der sympathisch und charismatisch rüberkommt (Kap. 3) bzw. dem, der seinen ersten Eindruck gekonnt zu nutzen weiß (Kap. 2).

1.4.2 Distant Socializing

Vielleicht denken Sie nun „Ok, in Kontakt gehen mag ja gelingen, wenn Kontakte uneingeschränkt erlaubt sind, doch was tun in Zeiten, wenn uns unser gewohntes oder gewünschtes Socializing genommen wird, wie während der COVID-19-Pandemie?" Soziale Kontakte, v. a. in größeren Gruppen, sind/waren zu vermeiden. Bei unumgänglichen Treffen sollen zwei Meter Abstand eingehalten werden. Händeschütteln gilt bereits jetzt als eine Geste aus „Vor-Corona-Zeiten". Social Distancing ist die nach wie vor geforderte Maßnahme gegen das Corona Virus in Deutschland, allem voran mit der Devise „keine Berührungen" und „Maske tragen".[2] Privat wie beruflich sind uns dadurch unsere Socializing-Gewohnheiten nahezu weggebrochen.

---

[2] Die räumliche Distanzierung, auch räumliche Trennung oder physische Distanzierung, beinhaltet eine Reihe von nicht-pharmazeutischen Maßnahmen zur Infektionskontrolle, die die Ausbreitung einer ansteckenden Krankheit stoppen oder verlangsamen sollen.

Soziale Distanz bringt eine enorme psychische Belastung mit sich, denn sie widerspricht unseren Grundbedürfnissen und setzt unser normales Funktionieren außer Kraft. Unser Wohlbefinden, Leistungsvermögen und Identität hängen ebenso am Kontakt zu anderen wie auch unser eingespieltes beruflich-professionelles Agieren. Bricht sozialer Kontakt weg, kommen wir unversehens ins Schleudern, wenn nicht sogar in eine persönliche Krise.

Um nur ein Beispiel zu geben: In Zeiten des Social Distancing müssen Berührungen unterbleiben – bereits so vermeintlich triviale Berührungen wie das Händeschütteln mit mehr oder minder Fremden, beginnen uns nun plötzlich zu fehlen, es fühlt sich komisch an, einander zu begegnen, ohne sich „vernünftig" zu begrüßen. Dies ist nicht nur auf Kultur und Gewohnheit zurückzuführen, sondern auch auf die machtvollen Auswirkungen, die Berührungen auf uns haben. Berührungen erhöhen Konsum und Kaufbereitschaft des Kunden, das Trinkgeld für den Kellner, das Hilfeverhalten, reduzieren Stress, stellen Nähe her (Guéguen, 2004; Guéguen & Fischer-Lokou, 2003a, 2003b; Guéguen & Jacob, 2005; Hornik, 1991, 1992a, 1992b). Der Verzicht auf eine Berührung unterbindet damit all diese Brücken, auf die wir bisher zurückgreifen konnten und lässt uns häufig mit einem zunächst befremdlichen Gefühl in eine Interaktion starten.

Was also können wir tun, wie gelingt Socializing in Zeiten von Social Distancing?
Umdenken ist angesagt und das gleich auf vielfältige Weise: Distant Socializing ist gefragt. Zunächst einmal ist anzumerken, dass der Begriff Social Distancing zwar der allgemein gebräuchliche, aber genau genommen unzutreffend ist. Denn es ist keine soziale Distanzierung (Social Distancing), sondern vielmehr eine räumliche

Distanz (Physical Distancing) gefordert. Wir brauchen kein „Social Distancing", sondern ein anspruchsvolles „Distant Socializing" – wie der Soziologe Steffen Mau es treffend formuliert hat. Dies ist ein kleiner, aber feiner Unterschied, der eines deutlich macht: Es geht nicht darum, sich im sozialen Sinne zurückzuhalten, sich zurückzuziehen, sondern es geht darum, andere Ausdrucksformen für ein gutes soziales Miteinander zu finden, d. h. ein adaptiertes Socializing zu etablieren.

Für die meisten wird dies ein **digitales oder virtuelles Socializing** bedeuten. Die neuen Medien sind derzeit unsere Rettung, dementsprechend durchlaufen sie auch einen Imagewandel und gewinnen an Popularität. Sowohl Arbeitsmeetings als auch soziale Treffen wie beispielsweise Spieleabende finden gängiger Weise nun online oder als hybrid-Version statt. Ein hilfreicher Ersatz, aber auch einer, bei dem man psychologisch achtsam vorgehen sollte, denn …

- *Virtuelle Kontakte sind emotionsärmer.* Zum einen sind in Videokonferenzen (aufgrund der im technischen Medium enthaltenen Distanz) Emotionen und Vertrauen deutlich schwerer vermittelbar als face-to-face. Legen Sie daher besonderen Wert darauf, diese explizit auszusprechen (und nicht als offensichtlich vorauszusetzen) bzw. vertrauensbildend vorzugehen (vgl. ausführliche Darstellung zum virtuellen Sitzungsmanagement in Werth & Steidle, 2021).
- *Virtuelle Kontakte sind anstrengender.* Beachten Sie zum anderen, dass Videokonferenzen sehr anstrengend sind – die Presse spricht diesbezüglich bereits von „Zoom Fatigue" (Zoom ist eines der großen Videokonferenzsysteme). Worauf ist die Anstrengung zurückzuführen? Es werden bei einer Videokonferenz schlichtweg deutlich begrenztere Informationen einbezogen (beispielsweise Geruch, visuelle Reize aus den Augenwinkeln

fehlen), sodass das Gehirn aus weniger Informationen einen Sinn erschließen muss, was mehr Konzentration erfordert und daher schneller ermüdet bzw. auch zu Fehlern führt. Schließlich sind kleine technische Verzögerungen in der Übertragung für uns ebenfalls ermüdend. Vermeiden Sie daher Multitasking während eines Videoanrufs, um die kognitive Überlastung zu reduzieren und sich so besser konzentrieren zu können; machen Sie Pausen zwischen den jeweiligen Meetings. Verwenden Sie auch andere Kommunikationswege, nicht ausschließlich Videokonferenzen.

Interpretationsmuster verändern – Höflichkeit und Wertschätzung neu interpretieren. Die Art des Umgangs hat sich verändert, wir müssen lernen, diese neu zu interpretieren. Wir machen immer öfter einen großen Bogen um andere Menschen. Die wenigen anderen Menschen, denen wir noch begegnen, beäugen sich und wollen sich bloß nicht zu nah kommen. Das ist keine Ablehnung, es ist die neue Freundlichkeit. Wer mir nicht zu nah kommt, der meidet mich nicht wirklich, sondern er schützt mich, mag es gut mit mir meinen. Doch in unserem Innern wird dies oft eher schmerzhaft als positiv erlebt, wird Ablehnung und Zurückweisung empfunden (was vor Corona oft auch adäquat interpretiert gewesen wäre). Machen Sie sich klar, dass dies nun nicht so ist/sein muss. Achten Sie umso mehr auf die kleinen Details von Zuwendung und menschlicher Wärme, beispielsweise den Augen oder Gesten, die man Ihnen entgegenbringt.

Neue Wege erlernen, um sich auszudrücken. Bedenken Sie, dass auch Sie Ihrerseits nun nicht immer eindeutig interpretierbar sind. Bemühen Sie sich daher, auf alternativen Wegen Nähe, Emotionen und Wertschätzung auszudrücken. Statt eines Lächelns braucht es nun einen netten Satz mehr, da das Lächeln hinter der Maske nicht erkennbar ist. Achten Sie im Besonderen auf Ironie und andere Ambivalenzen, die Ihre Sprache mit sich bringt und die ohne Maske eindeutig durch Ihr nonverbales Verhalten erkennbar gewesen wären – was nun nicht eindeutig ist, muss verbal eindeutig gemacht werden.

Sich weiter in Gemeinschaft fühlen und bewegen. Sie vermissen Ihre Treffen mit den Rotariern, Ihre Mittagsrunde mit dem Verband oder dem Kollegenkreis? Halten Sie den Kontakt, fragen Sie dort nach, beteiligen Sie sich am Chat oder Mailverkehr und generieren Sie andere, neue Arten des Zusammentreffens, beispielsweise virtueller Art, im Autokino, als virtuelle Weinprobe oder online-Kochkurs. Es ist wichtig, dass Sie sich sowohl weiterhin in Gemeinschaft fühlen als auch Ihre Kontakte hier aufrechterhalten.

Beeinflussen Sie Ihre eigene Stimmung. In Krisenzeiten sind wir alle etwas angeschlagen und fragil – leicht verletzt uns etwas, reagieren wir aggressiv oder auch misstrauisch, sind erschöpft. Achten Sie auf sich und Ihre Stimmung und bringen Sie sich vor Kontakten mit anderen in eine gute Ausgangsverfassung, damit Sie nicht die negative Stimmung übertragen, sondern den notwendigen Elan, Energie und Neutralität wahren können.

Freiheitsempfinden und Handlungskompetenz wieder herstellen. Wir werden durch Schutzmaßnahmen eingeschränkt in unserer Freiheit – so sehr wir dies vielleicht nachvollziehen und inhaltlich mittragen, so schwer fällt es uns jedoch. Wir müssen darauf achten, uns dennoch frei zu fühlen, unsere Freiheiten zu sehen und uns weiter selbstbestimmt zu verhalten – und nicht in die Resignation und Passivität gehen. Prüfen Sie für sich, was Sie innerhalb der neu gesteckten Grenzen tun oder anstreben können. Lassen Sie Ihrer Phantasie freien Lauf und nutzen Sie die Spielräume, die sich nun noch bieten. Hilfreich ist es ebenso, in all dem Veränderten einen persönlichen Benefit zu finden: Wo liegt das Gute hierin? Vielleicht tun Sie nun auch einfach, wofür Sie sonst keine Zeit hatten oder nutzen die Chance, einen völlig neuen Weg einzuschlagen.

Zwischenfazit: Fehlender sozialer Austausch wirkt sich bei fast allen Menschen negativ auf das Wohlbefinden und die psychische Gesundheit aus. Umso wichtiger ist es, nur physisch auf Distanz zu gehen, nicht aber emotional, und miteinander in Kontakt zu bleiben. Wichtig ist, dass Sie aktiv neue Routinen entwickeln, um Ihr Sozialleben unter den erschwerten Bedingungen zu erhalten. Suchen Sie den Austausch, bieten Sie Austauschmöglichkeiten an. Jede Krise bietet auch Chancen. In diesem Sinne loten Sie für sich andere, neue Möglichkeiten der Kontaktaufnahme aus und gehen Sie sie an. Socialicing ist für Menschen unverzichtbar, auch oder insbesondere in Krisenzeiten!

1.5 Take-Home-Message

Ein aktives Socializing ist im heutigen Berufsalltag nicht mehr wegzudenken, ob online/virtuell oder analog, es ist erfolgsentscheidend, an andere Menschen andocken und einen Zugang zu ihnen aufbauen zu können. Zu den Hauptsäulen des Socializings gehören a) ein Grundverständnis dessen, worum es beim Socialzen geht (Sinn, Zweck, Methoden und Spielregeln), b) Wissen darum, wie Wahrnehmung und Wirkung der eigenen Person beeinflussbar sind, c) das Beherrschen kommunikativer Skills sowie d) das Vorhandensein eines adäquaten Situations-Know-hows (wie beispielsweise Umgangsformen). Nachdem Ihnen in diesem Kapitel das Grundverständnis vermittelt wurde, zeigen wir Ihnen nachfolgend nun Aspekte von Wahrnehmung und Wirkung einer Person auf: wie bedeutsam der erste Eindruck ist, den man auf andere macht und vor allem erfahren Sie, wie Sie ihn zu Ihren Gunsten beeinflussen können.

Literatur

Ames, D. R., & Flynn, F. J. (2007). What breaks a leader: The curvilinear relation between assertiveness and leadership. *Journal of Personality and Social Psychology, 92*, 307–324.

Asendorpf, J. B., Banse R. & Neyer, F. J. (2017). *Psychologie der Beziehung* (2. Aufl., Kap. 2.6). Hogrefe.

Berscheid, E., & Reis, H. T. (1998). Attraction and close relationships. In D. T. Gilbert, S. T. Fiske, & G. Lindzey (Hrsg.), *The handbook of social psychology* (S. 193–281). McGraw-Hill.

Cacioppo, J. T., & Cacioppo, S. (2018). The growing problem of loneliness. *Lancet, 391*, 426.

Cacioppo, J. T., Hughes, M. E., Waite, L. J., Hawkley, L. C., & Thisted, R. A. (2006). Loneliness as a specific risk factor for depressive symptoms: Cross-sectional and longitudinal analyses. *Psychology and Aging, 21*, 140–151.

Drössler, S., Steputat, A., Schubert, M., Euler, U. & Seidler, A. (2016). *Psychische Gesundheit in der Arbeitswelt – Soziale Beziehungen*. Bundesanstalt für Arbeitsschutz und Arbeitsmedizin.

Guéguen, N., & Fischer-Lokou, J. (2003a). Tactile contact and spontaneous help: An evaluation in a natural setting. *The Journal of Social Psychology, 143*(6), 785–787.

Guéguen, N., & Fischer-Lokou, J. (2003b). Another evaluation of touch and helping behavior. *Psychological Reports, 92*(1), 62–64.

Guéguen, N., & Jacob, C. (2005). The effect of touch on tipping: An evaluation in a French bar. *International Journal of Hospitality Management, 24*, 295–299.

Guéguen, N. (2004). Nonverbal encouragement of participation in a course: The effect of touch. *Social Psychology of Education, 7*, 89–98.

Hornik, J. (1991). Shopping time and purchasing behavior as a result of in-store tactile stimulation. *Perceptual and Motor Skills, 73*, 969–970.

Hornik, J. (1992a). Effects of physical contact on customers' shopping time and behavior. *Marketing Letters, 3*, 49–55.

Hornik, J. (1992b). Tactile stimulation and consumer response. *Journal of Consumer Research, 19*, 449–458.

Kahneman, D., Krueger, A. B., Schkade, D. A., Schwarz, N., & Stone, A. A. (2004). A survey method for characterizing daily life experience: The day reconstruction method. *Science, 306*, 1776–1780.

Kawachi, I., & Berkman, L. F. (2001). Social ties and mental health. *Journal of Urban Health: Bulletin of the New York Academy of Medicine, 78*, 458–467.

Lima, M. L., Marques, S., Muiños, G., & Camilo, C. (2017). All you need is Facebook friends? Associations of online and face-to-face friendships with health. *Frontiers in Psychology, 08*. https://doi.org/10.3389/fpsyg.2017.00068

Powdthavee, N. (2008). Putting a price tag on friends, relatives, and neighbours: Using surveys of life satisfaction to value social relationships. *The Journal of Socio-Economics, 37*, 1459–1480.

Sparrowe, R. T., Liden, R. C., Wayne, S. J., & Kraimer, M. L. (2001). Social networks and the performance of individuals and groups. *Academy of Management Journal, 44*, 316–325.

Werth, L., & Steidle, A. (2021). *Personal in Hochschule und Wissenschaft professionell führen*. Deutscher Hochschulverband.

Teil II

Baustein II – Wahrnehmung und Wirkung

2

Die Macht des ersten Eindrucks

> **Life Piece**
>
> Sie sind eingeladen und spurten nach der Arbeit und nach einem kurzen Blick in den Spiegel dorthin. Doch bei Betreten der Räumlichkeiten stellen Sie entsetzt fest, dass Sie die/der Einzige „in casual" sind, alle anderen sind in Abendgarderobe (die Damen in lang, die Herren in Smokings) – was hatten Sie in der Einladung nur übersehen? Oder stand dort gar nichts zur Kleiderordnung und es gab ein ungeschriebenes Gesetz, das Sie nicht kannten? Nun, es hilft nichts, Sie sind jetzt da und können nicht davon laufen, also gilt es nun, irgendwie durch den Abend zu kommen und zu ertragen, underdressed zu sein.

„Wir sehen eine Person an und sofort formt sich wie von selbst ein bestimmter Eindruck ihres Charakters.

Teile dieses Kapitels sind Werth und Thum (2007, Kap. 2) bzw. Werth (2019) entnommen bzw. in Anlehnung an Werth und Sedlbauer (2011) verfasst.

© Der/die Autor(en), exklusiv lizenziert an Springer-Verlag GmbH, DE, ein Teil von Springer Nature 2022
L. Werth und C. Thum, *Erfolgsfaktor Socializing*,
https://doi.org/10.1007/978-3-662-64885-8_2

Ein Blick, wenige Worte genügen, um uns einen ganzen Roman
über eine hochkomplexe Angelegenheit zu erzählen."
Asch (1946, S. 258)

„Man hat nur eine Chance für den ersten Eindruck", sagt ein Sprichwort – und es stimmt, zumindest weitgehend und vor allem dann, wenn einander Fremde begegnen (sog. „first impression error"; Dougherty et al., 1994; McShane, 1993). Wir werten und richten unsere Wahrnehmung selektiv nach unserem ersten Eindruck und unserer Erwartung aus; möglicherweise bleiben wir an einem Detail des anderen hängen und „färben" alle weiteren Wahrnehmungen entsprechend ein (sog. *„Halo-Effekt"*; Murphy et al., 1993; Nisbett & Wilson, 1977; vgl. auch Abschn. 3.2.1, physische Attraktivität). Auf diese Weise lassen sich einmal gefasste Meinungen (wie beispielsweise „Der ist ja vielleicht arrogant" oder „Die ist ja unsicher") oft nur schwer wieder ausräumen" (aus Werth, 2019, S. 111). Für all diejenigen unter Ihnen, die den ersten Eindruck schon mal so richtig vergeigt haben (wie im Eingangsbeispiel): Grämen Sie sich nicht, man kann dies durchaus auch wiedergutmachen, es ist halt nur mühsam und braucht auch darüber hinaus den Mut, zum vergeigten Anfang zu stehen, ihn vielleicht sogar humorvoll aufzugreifen. (So mancher Hollywoodfilm basiert genau auf solchen Anfängen; vielleicht kennen Sie ja sogar auch eine wunderbare Liebesgeschichte aus dem Bekanntenkreis, die mit einem ersten Desaster begann und sich dann durchaus positiv entwickelte). Doch die wirklich gute Nachricht ist: Nicht nur ein negativer, sondern auch ein positiver erster Eindruck ist einflussreich, und genau darin liegt Ihre Chance!

Sie möchten von Anfang an einen guten Eindruck machen? Den ersten Kontakt mit Ihnen – und damit Sie

2 Die Macht des ersten Eindrucks 33

als Person – positiv wahrgenommen wissen? Erfahren Sie nachstehend, worauf der erste Eindruck von Ihnen basiert, aus welchen Aspekten Ihres Auftretens welche Schlussfolgerungen gezogen werden und wie es zu solchen Zuschreibungen kommt wie „Die wird bestimmt mal eine große Nummer in unserer Branche", „Ach, der ist und bleibt ein kleines Licht" oder „Was für ein überzeugender Auftritt! Von dem/der wird die Welt noch hören". Sobald Sie um diese Zusammenhänge wissen, können Sie sie mitbeeinflussen – und brauchen nicht auf das Prinzip „Hoffnung" zu setzen („Hoffentlich mache ich einen guten ersten Eindruck, hoffentlich halten die mich nicht für …").

Die meisten Menschen gehen davon aus, dass ihre Wirkung vor allem auf dem *Inhalt* dessen, was sie sagen, basiert. Wissenschaftlichen Erkenntnissen zufolge ist dies aber nur der geringste Teil der Wirkung einer Person (nur 7 %). Ein weitaus größerer Anteil kommt dem *Paraverbalen*, d. h. Stimme, Sprechtempo, Tonfall, zu. Die größte Wirkung hat mit dem, was Sie verbal von sich geben, sogar gar nichts zu tun, sondern resultiert aus Ihrem *nonverbalen Verhalten* (vgl. Abb. 2.1; Mehrabian, 1969, 1971, 1972 u. a.). Der erste Eindruck entsteht vor allem auf Basis von Informationen, die leicht nach außen hin sichtbar sind, wie beispielsweise Attraktivität, Kleidung und Körperhaltung, Blickkontakt. Auch Komponenten wie Gesichtsausdruck bzw. Mimik, Körpergröße, Statur, Haut- und Haarfarbe, Brille oder sogar der Name einer Person fließen in die erste Wahrnehmung mit ein (Alley, 1988; Berry & McArthur, 1986; Bull & Rumsey, 1988; Herman et al., 1986; Young et al., 1993; Zebrowitz, 1997).

Kurzum, auch wenn Sie bislang dachten, sich bei der Wahrnehmung anderer Personen hauptsächlich von dem leiten zu lassen, was diese (inhaltlich) denken und sagen,

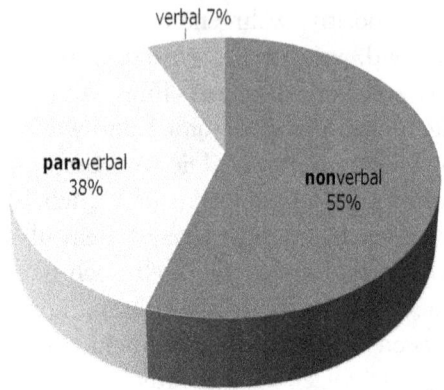

Abb. 2.1 Die Gesamtwirkung einer Person wird größtenteils durch non- und paraverbale Signale vermittelt. Verbale Signale, d. h. der eigentliche Inhalt, machen nur einen geringen Teil aus.[1] (Aus Werth & Thum, 2007, S. 6, Abb. 1 bzw. Werth, 2019, S. 113, Abb. 6)

sind jenseits des Inhalts weitere Aspekte sehr einflussreich (nämlich wie jemand etwas sagt, sich gibt und sich verhält). Es bedeutet aber auch: Wenn Sie sich bislang auf ein wichtiges Zusammentreffen mit anderen, insbesondere Fremden, ausschließlich inhaltlich vorbereitet haben, dann haben Sie sozusagen nur 7 % Ihrer Wirkung vorbereitet. Die sind sicherlich unerlässlich, aber angesichts des Löwenanteils von 93 %, den paraverbale und nonverbale Aspekte auf Ihre Gesamtwirkung haben, macht es durchaus Sinn, sich darüber ebenfalls Gedanken zu machen.[2]

---

[1] Die Prozentwerte sind Schätzungen für den Fall, dass Fremde aufeinandertreffen; hat man sich erst einmal einen Eindruck gebildet, wird der Inhalt vergleichsweise bedeutsamer (Mehrabian 1980).

[2] Andere Studien weisen leicht differierende Prozentwerte für den Wirkungsanteil nonverbaler Elemente aus (bis zu 69 %), stimmen aber in ihrer Grundaussage überein: Die para- und nonverbalen Anteile in unserer Kommunikation überwiegen in ihrer Bedeutung zumeist die fachlich-inhaltlichen.

Insbesondere dann, wenn der verbale Inhalt nicht zu dem nonverbalen Verhalten passt, neigen wir dazu, das nonverbale Verhalten einer Person zu ihrer Beurteilung heranzuziehen – sodass der Inhalt dann also sprichwörtlich hinten runterfällt (Röhner & Schütz, 2012).
Was folgt daraus?

1. Nonverbale Kommunikation und deren Ausgestaltung ist für den Erfolg Ihres ersten Eindrucks essenziell.
2. Die Stimmigkeit (= Kongruenz) zwischen Inhalt (= Worten), para- und nonverbalen Botschaften ist ein wesentlicher Faktor für eine gelungene und glaubwürdige Kommunikation (Argyle et al., 1970, 1971; Mehrabian & Ferris, 1967).

Beachten Sie daher ein paar einfache Grundregeln, um Ihren ersten Eindruck bewusst souverän zu gestalten. Sie können Ihren ersten Eindruck gewinnender gestalten, wenn Sie Ihr Verhalten wie nachfolgend aufgezeigt verbal (Abschn. 2.3), paraverbal (Abschn. 2.2) und nonverbal (Abschn. 2.1) durchdenken. Wenn Sie sich auf den drei Ebenen möglichst stimmig verhalten, haben Sie die größte Glaubwürdigkeit. Diese kleine Vorbereitung kann es Ihnen ermöglichen, sich im Kontakt einerseits wohler zu fühlen, andererseits zugleich wirksamer und leichter zu agieren, denn so haben Sie mehr Kapazitäten und Aufmerksamkeit, um sich auf das Eigentliche, die jeweilige Begegnung und ihren Inhalt zu konzentrieren.

„Vielleicht dachten Sie beim bisherigen Lesen schon ein paar Mal „ja, aber …"? „Ich muss ja wohl immer noch Ich bleiben und ich bin nun mal eher der introvertierte Typ/die Lässige/der Lustige und nun soll ich das anders machen? Ich will immer noch authentisch bleiben!" Das sollen Sie auch, Authentizität ist sehr wichtig, sonst wirken Sie unglaubwürdig. Gleichermaßen haben Sie immer

Gestaltungsmöglichkeiten in der Art und Weise Ihres Auftretens. Und die gilt es zu kennen, damit man sich – die jeweils dazugehörenden Konsequenzen im Blick – bewusst für oder gegen etwas entscheiden kann. Dazu gehört auch, in welcher Situation Sie in welchem Umfang welches Verhalten an den Tag legen. Die wenigsten von uns nutzen hier ihre Möglichkeiten voll aus" (aus Werth, 2019, S. 114).

Nachfolgend wird es nun noch tiefer in die Details und Hintergründe der psychologischen Wirkmechanismen gehen – dies ist bedeutsam, da Sie diese wie einen Baukasten für die Gestaltung Ihres ersten Eindrucks heranziehen können. Eine Chance, die Sie für sich nutzen sollten.

2.1 Einfluss Nr. 1: Ihre nonverbale Wirkung

Um es noch einmal greifbar zu machen: Unter „Nonverbalem" fasst man in der Kommunikation alles zusammen, was nicht-sprachlich ist. Dazu gehören die Aspekte Blickkontakt, Gesichtsausdruck (lächelnd, traurig usw.), Geruch, Körperhaltung, Körperspannung, Körpersprache (zu- oder abgewandte Haltung), physische Nähe oder Distanz.

Es macht einen im wahrsten Sinne des Wortes spürbaren Unterschied, wenn Sie freundlich lächelnd mit offenen Armen auf jemanden zugehen, oder aber Sie Ihr Gegenüber scheinbar unbeeindruckt, ohne mimische Regung und mit den Händen in der Tasche ansteuern.

„Wir kommunizieren zum einen über bestimmte *Objekte*, mit denen wir uns umgeben (sog. Objektkommunikation), wie beispielsweise Accessoires (Uhren,

Schmuck, Taschen etc.), der Einrichtung im Raum (was beispielsweise wichtig ist, wenn wir Gäste empfangen) sowie über unser äußeres Erscheinungsbild (Aufmachung und Kleidung). Insbesondere Status und Expertise werden hieraus abgeleitet (Gosling et al., 2002; Joseph & Alex, 1972; Mast & Hall, 2004). Zum anderen kommunizieren wir über unser nonverbales *Verhalten*. Und beides wirkt, wie nachfolgend zu sehen ist, auf vielfältige Art und Weise" (aus Werth, 2019, S. 114). Wenn Sie diese nonverbalen Effekte für sich zu nutzen wissen, haben Sie bereits auf der entscheidendsten Ebene Ihres ersten Eindrucks (55 %) Wirkung erzielt – dies ist umso bedeutsamer, da die Wahrnehmung des Nonverbalen im Gegenüber meist unbewusst abläuft und Sie somit Punkte sammeln, ohne dass es auffällt oder Sie aufdringlich sind.

Vielleicht denken Sie nun gerade, dass dies doch nicht in allen Kontexten oder beruflichen Bereichen gleichermaßen bedeutsam ist – Recht haben Sie! Im Startup oder IT-Bereich interessieren die wuscheligen Haare vielleicht nicht so sehr, sind womöglich sogar positiver Ausdruck der Individualität (solange sie gewaschen sind und man nicht muffelt) – ganz anders als in der Bank, in der es um ein seriöses und eher klassisch-elegantes Erscheinungsbild geht. Doch unabhängig von der Bedeutung innerhalb der speziellen beruflichen Branche ermöglichen Ihnen nonverbale Cues in jedem Fall, dass Sie zahlreiche Ansatzpunkte und Eindrücke gewinnen, die Sie nutzen können: angefangen von sich ergebenden Gesprächsthemen, indem Sie beispielsweise an Gemeinsames anknüpfen (vgl. Abschn. 3.2.2) oder aus dem Kontext/der Objektkommunikation Dinge aufgreifen (beispielsweise Kunst, Design, Architektur, mit denen sich derjenige umgibt) (siehe Kap. 4, Small-Talk), bis hin zu einem klareren Bild, das Sie sich von demjenigen machen können bzw. wie Sie sich selbst präsentieren wollen. Und genau um diese Zusammenhänge und Erkenntnisse soll es nun gehen.

2.1.1 Türöffner „Nonverbales Verhalten"[3]

Nicht nur äußerliche Merkmale einer anderen Person beeinflussen, wie wir diese wahrnehmen und welche Eigenschaften wir ihr zuschreiben, sondern auch deren nonverbales Verhalten ist mitbestimmend – maßgeblich sogar, wie wir bereits dargestellt haben. Macht jemand beispielsweise immer fahrige Bewegungen, oder hat sie eine ausgewogene Gestik, mit der sie ihre Worte unterstreicht? Beschreibt sie sich als offenen, sehr extrovertierten Menschen, sitzt aber eher verklemmt und schüchtern in die Runde schauend vor uns? All dies wäre nicht kongruent, kein stimmiges Auftreten. Sie können nicht verhindern, dass andere aus Ihrem Verhalten Schlüsse ziehen, selbst wenn Sie beispielsweise versuchen, möglichst unscheinbar aufzutreten oder auch schlichtweg nichts sagen – im Gegenteil, aufgrund eines solchen Verhaltens werden Personen sogar eher als ausdruckslos, gehemmt, zurückgezogen oder verklemmt eingestuft (DePaulo & Kirkendol, 1989). Ob Sie wollen oder nicht, Beobachter werden sich einen Eindruck von Ihnen bilden, sei es aufgrund verbaler oder nonverbaler Informationen. Diese Tatsache führte in der Psychologie zu dem geflügelten Satz „Man kann nicht *nicht* kommunizieren", denn zumindest nonverbal kommuniziert man immer (Watzlawick & Beavin, 1967). Oder anders ausgedrückt: Auch wenn Sie

---

[3]Texte dieses Abschnitts sind in weiten Teilen Werth und Sedlbauer (2011, Abschn. 6.1) entnommen.

nichts sagen, Ihre nonverbalen Signale tun es dennoch (DePaulo & Friedman, 1998).

Bezüglich der Körpersprache gibt es zwei psychologisch-strategische Wirkungen zu beachten (adaptiert aus Werth, 2019):

- Zum einen erzielen Sie mit einer guten Körpersprache (d. h. einer in sich stimmigen und Ihre Inhalte stützenden) positivere Bewertungen, sind glaubwürdiger und überzeugender (Aguinis et al., 1998).
- Zum anderen beeinflussen Sie sich über Ihren Körperausdruck auch selbst und können auf diese Weise zu Ihrem eigenen Wohlbefinden beitragen (sog. Bodyfeedback).

Die Körpersprache wirkt also in zwei Richtungen: Zum Einen liest Ihr Gegenüber an Ihrem nonverbalen Verhalten ab, wie es Ihnen geht – sind Sie fröhlich, spiegelt sich dies meist in einem Lächeln wider, sind Sie traurig, bildet sich das etwa in heruntergezogenen Mundwinkeln ab. Doch nicht nur Ihr Gegenüber liest in Ihrem nonverbalen Verhalten, sondern auch Ihr ganz eigenes Gehirn „liest" darin. Es holt sich zu der Frage „Wie geht es mir?" quasi Feedback aus Ihrem Körper (= Bodyfeedback). Aus der eigenen Mimik bzw. Körperhaltung schlussfolgert unser Hirn, wie es uns geht, was sich wiederum direkt auf unsere Stimmung und Informationsverarbeitung auswirkt (Adelmann & Zajonc, 1989; Werth, 2003; Werth & Förster, 2001).

Für die Wirkung der Körpersprache – auf uns selbst wie auf andere – sind vor allem Blickkontakt, Mimik, Gestik und Körperhaltung relevant (Henley, 1977; Knapp & Hall, 1997).

Blickkontakt

„Schauen Sie Personen, die Sie begrüßen oder mit denen Sie sich unterhalten, in die Augen. Der Blickkontakt zwischen Personen ist eine entscheidende psychologische Komponente und wirkt sich vor allem auf die Zuschreibung von Kompetenz und bestimmten Persönlichkeitseigenschaften aus (Aguinis et al., 1998; Anderson, 1991; Burgoon et al., 1985; Droney & Brooks, 1993; Gudykunst et al., 1996; Napieralski et al., 1995; Washburn & Hakel, 1973). Wer den Blickkontakt hält, wird insgesamt positiver beurteilt, so beispielsweise als kompetenter, glaubwürdiger, weniger ängstlich und weniger nervös, als umgänglicher und in das Gespräch involvierter.

Wenn Sie Ihren Blick immer wieder durch die Runde Ihrer Tischnachbarn oder der Gästeschar streifen lassen, werden Sie nicht nur interessierter und positiver wirken, sondern durch die vermehrte und genauere Beobachtung auch wesentlich mehr Informationen und Details gewinnen – und genau die helfen Ihnen später, passgenauer zu reagieren. Wenn Sie trotz allem einmal das Bedürfnis haben wegzuschauen, ist ein Blick nach schräg oben günstiger (wird eher als nachdenklich interpretiert) als nach unten oder gar zu anderen Personengruppen als Ihrer eigenen (das wirkt so, als wäre es dort spannender als in Ihrer eigenen Gesprächsrunde)" (aus Werth, 2019, S. 117).

Mimik

Ihre Mimik hat großen Einfluss auf Ihre Wirkung auf andere – und auch auf Sie selbst. Wenn Sie lächeln und Ihre Gesichtsmuskulatur entspannen, erleben Sie mehr Leichtigkeit (Bodyfeedback). Ihr Lächeln signalisiert dem Gehirn, dass die Situation unkritisch ist und es sich entspannen darf – und schon fühlen Sie sich besser, sind besser gestimmt, fallen Ihnen positivere Dinge ein, sind Sie kreativer. Runzeln Sie hingegen die Augenbrauen oder beißen die Zähne aufeinander, fühlen Sie sich angestrengter (Laird et al., 1982; Riskind, 1983; Strack & Neumann, 2000). Und diese Gefühle beeinflussen natürlich auch Ihre Gespräche und die Wahrnehmung Ihrer Person durch Ihre Gesprächspartner.

Zum einen hat Ihre Mimik also eine Wirkung auf Sie selbst. Zum Zweiten beeinflusst Ihre Mimik aber auch Ihr(e) Gegenüber: So zeigen Forschungsbefunde, dass Menschen mit einer lebhaften und ausdrucksstarken Mimik eher gemocht werden (DePaulo & Friedman, 1998; Friedman et al., 1988; Sabatelli & Rubin, 1986). Dies ist darauf zurückzuführen, dass das Gegenüber an ihnen ihre spontanen Reaktionen und Gefühle ablesen kann. Eine lebendige Mimik wahrzunehmen gibt ein besseres Gefühl als ein undurchschaubares Pokerface vor sich zu haben. Nicht zuletzt ist Mimik auch „ansteckend" – ist sie freundlich oder mitreißend, wird der andere positiv gestimmt, ist sie traurig, starr oder sogar unfreundlich, verschlechtert sich seine Stimmung (Hatfield et al., 1992, 1993; Zajonc et al., 1989). Wer lächelt, wirkt sympathischer und mitreißender (natürlich nur dann, wenn das Lächeln auch situationsangemessen ist) (Anderson, 1991; Washburn & Hakel, 1973; Yamaguchi, 2002). Wenn Sie noch weitere Argumente für ein freundliches Lächeln haben möchten, schenken Sie sich doch einfach mal selbst eins und beobachten Sie die wohltuende Wirkung.

Bedenken Sie: Wer aufgeregt und unsicher ist, hat vermutlich eher eine verkrampfte und starre Mimik. „Na wunderbar, an der Aufregung kann ich nun einmal nichts ändern – wie soll ich die denn nun wegzaubern?", fragen Sie sich vielleicht. Wir haben einen Vorschlag: Üben Sie in privaten Kontexten einfach einmal solche

Verkrampfungen „wegzulächeln" – anfangs kommen Sie sich vielleicht etwas albern vor und es braucht auch etwas Übung, zwei Minuten lang konsequent zu lächeln. Aber das Bodyfeedback wird Ihnen dabei helfen, sich sukzessive ein Stückchen mehr Wohlbefinden zu ermöglichen. Das Üben ist dabei wichtig, denn zugleich gilt wie immer: Übertreiben Sie das Ganze nicht, damit es nicht (zu) aufgesetzt und unauthentisch wirkt.

Gestik
Durch Ihre Gestik können Sie Ihre Souveränität und Gelassenheit unterstreichen. Und auch hier kommt die Funktionsweise des Bodyfeedbacks zum Einsatz. Sie begründet, dass Sie besser *nicht* mit den Händen (Ihren eigenen Fingern) oder Gegenständen herumspielen, beispielsweise mit einem Kugelschreiber, dem Sakko oder Ihre Hände gar in Ihren Hosentaschen vergraben und dort die Nähte ertasten. Zum einen wirkt es nach außen unruhig und nicht souverän; zum anderen wirken Sie damit ja im Sinne des Bodyfeedbacks immer auch nach innen und machen sich so durch Ihre eigene Körpersprache selbst unruhiger als Sie es möglicherweise ohnehin schon sind. „Auch sog. Verlegenheitshandlungen, wie das unnötige Zurückstreifen einer Haarlocke, das Kratzen am Kopf, das Zurechtzupfen der Krawatte oder Hemdärmels, das Drehen der Ohrringe können unbedeutende Angewohnheiten sein, die Ihnen aber innen wie im Außen als Nervosität oder Unkontrolliertheit ausgelegt werden" (aus Werth, 2019, S. 119).

Gönnen Sie also Ihren Händen und damit auch Ihrem Geist *Ruhe*. Wenn Sie stehen und mit den Händen nicht wissen wohin, dann legen Sie sie ineinander oder halten Sie etwas möglichst Unbewegliches in der Hand fest, wie ein Glas Sekt, die Einladungskarte oder die Beamer-Fernbedienung. Stellen Sie sich vor, die Ruhe dieses Gegenstandes zu übernehmen (also nicht damit herumspielen). In Gesprächen, bei denen Sie sitzen, legen Sie die Hände in den Schoß (Hosen- und Sakkotaschen sind auch hier tabu, denn man weiß leider nicht, was Sie dort mit Ihren Händen tun; dies ist nicht nur unhöflich, sondern verhindert auch, diese zu einer positiveren Wirkung zu nutzen, die im nächsten Absatz erläutert wird).

„Um Ihre Worte *gezielt* mit Gestik zu unterstreichen, empfiehlt es sich, die eigenen Hände überwiegend im Bereich zwischen Schultern und Bauch zu bewegen. Möchten Sie allerdings ganz gezielt eine Ihrer Äußerungen unterstreichen, dann dürfen Sie gerne eine kraftvollere oder lebhaftere Gestik zeigen (Washburn & Hakel, 1973); allerdings Vorsicht, dann sollten Sie keine Gegenstände mehr in der Hand halten, sondern mit freien, geöffneten Händen agieren" (aus Werth, 2019, S. 121). Freie, geöffnete Hände wirken im wahrsten Sinne des Wortes „entwaffnend", sie sind klar, einladend und (wenn sie leichte Spannung haben) auch stringent und dynamisch in ihrer Wirkung – alles Aspekte, die man Ihnen und Ihrer Botschaft dann zuschreiben kann.

Körperhaltung

Wurden Sie als Kind zu Hause immer mal wieder darauf hingewiesen, doch „bitte gerade zu sitzen bzw. zu stehen"? Falls ja – Ihre Eltern hatten wissentlich oder unwissentlich einen guten Grund, Ihnen dies zu sagen, denn die Körperhaltung trägt in der Tat zu Ihrem eigenen Befinden und zugleich auch zur Wirkung auf andere bei. „Größeren sowie aufrechtstehenden Menschen wird mehr Autorität, Kompetenz, Erfolg zugeschrieben als kleineren oder gebückt stehenden (Judge & Cable, 2004; Stepper & Strack, 1993; Suzuki, 1996). Ebenso wie bei Mimik und Gestik wird auch bei der Körperhaltung das Bodyfeedback wirksam: Mit gebeugter Körperhaltung erleben sich

Personen als weniger kompetent. Wer sich hingegen aufrecht hält, dem fallen verstärkt auch souveräne, kompetente und erfolgreichere Dinge ein, die sein Auftreten entsprechend prägen werden. Nutzen Sie diese Wirkungsweisen für sich, es gibt sie ja quasi geschenkt! Unabhängig von Ihrer Körpergröße sollten Sie auf eine gerade, aufrechte Haltung achten (d. h., die Schultern hängen nicht nach vorne, sondern sind zurück, Blick und Kinn sind nach vorne gerichtet, nicht gesenkt oder angehoben). Damit strahlen Sie mehr Sicherheit und Erfolg aus und vermitteln zugleich auch sich selbst mehr Sicherheit" (aus Werth, 2019, S. 120).

Bemühen Sie sich stets, eine *offene Körperhaltung* einzunehmen. Verschränken Sie Ihre Arme nicht vor der Brust – auch wenn Sie nun vielleicht anführen mögen, dass dies eine Frage der Gewohnheit oder Bequemlichkeit ist – es wirkt abweisend und das sowohl bei Gesprächen als auch bei Vorträgen. Aus einer moderaten Körperspannung heraus, also aktivierten Schultern, Armen und Händen, können Sie dynamisch und pointiert agieren und zeigen Präsenz – ganz anders als bei einer weichen oder gar schlabbrigen Darbietung Ihrer selbst.

Und auch im *Sitzen* gilt: Hibbelige Füße machen Sie selbst unruhig (Bodyfeedback) und wirken auch nach außen nervös. Geben Sie sich Ruhe, indem Sie sie ruhig halten. Hingeflätzt im Sessel, mehr liegend als sitzend wirkt nicht positiv, denn es ist für eine Socializing-Situation deutlich „zu entspannt" und unangemessen. Souverän wirken Sie im Sitzen, wenn Sie aufrecht, aber entspannt, auf der gesamten Sitzfläche (nicht nur auf der Stuhlkante) sitzen, eine offene Körperhaltung (Arme nicht verschränkt, kein buckeliger Rücken) haben.

„Nicht zuletzt ist auch Ihr *Stand* wichtig und zwar sowohl für Ihr inneres Erleben als auch für Ihr „Standing" im Außen. Wenn Sie stehen, dann stehen Sie mit beiden

Füßen auf dem Boden, das Gewicht sollte gleichmäßig auf beide Beine und Füße verteilt sein. Ein solcher Stand gibt Ihnen auch im Inneren mehr Stabilität: Wer stabil steht, fühlt sich auch stabiler (Bodyfeedback) und das merken dann wiederum auch andere. Zudem können Sie so auch ruhiger atmen und damit gelassener agieren als jemand, der auf einem Bein herumwackelt oder wippt" (aus Werth, 2019, S. 121). Nutzen Sie diese Möglichkeiten, sich selbst positiv zu beeinflussen, indem Sie aufrecht stehen, entspannt sitzen und eine insgesamt offene Körperhaltung einnehmen.

Distanzzone
In der Regel werden Sie sich in einer Distanz von etwa einer Armlänge um eine Person herum bewegen (ca. 1,2 m), denn dies ist der übliche Mindestabstand zu anderen Personen, der in unserem Kulturkreis als angenehm wahrgenommen wird (Chaney & Martin, 2007; Gudykunst et al., 1996; Hall & Hall, 1990). Selbstverständlich ist dieser Radius sowohl situations- als auch personenabhängig (beispielsweise davon, wie *nah* man sich persönlich ist), aber respektieren Sie diese unsichtbare Grenze unbedingt – ganz gleich ob beim Begrüßen oder Stehempfang – ein Überschreiten wird nämlich leicht als Eingriff in die persönliche Sphäre empfunden.

„Sollten Sie einmal in Bedrängnis geraten, weil jemand Ihnen gegenüber die räumliche Distanz nicht wahrt und Sie dies als unangenehm erleben, so lassen Sie dies nicht einfach über sich ergehen (…) – denn es wird Sie mental beeinträchtigen und Ihre Ausstrahlung unangenehm werden lassen. Bringen Sie stattdessen sich selbst wieder in eine Wohlbefindens-Situation, indem Sie wieder räumlichen Anstand zwischen sich herstellen. Weichen Sie beispielsweise etwas zurück; nehmen Sie einen Gegenstand (Glas, Prospekt o.ä.) in die Hand und damit als

Barriere zwischen sich und den anderen und wenn all das nicht hilft, sprechen Sie es kurz an („Entschuldigen Sie, für mich ist es angenehmer, wenn ich ein Stück zurückweichen darf"), aber halten Sie die Sache klein und unbedeutend und signalisieren Sie beispielsweise mit einem Lächeln Ihr Wohlwollen. Eine Schuldzuweisung an den anderen wäre ein Affront!" (aus Werth, 2019, S. 122).

2.1.2 Türöffner „Kleidung"

Salopp gesprochen, beginnt eigentlich immer alles mit der Kleidung; sowohl im situativen Ablauf – zunächst muss ich mir etwas anziehen, um dann irgendwo hingehen und in Kontakt kommen zu können – als auch in der Wahrnehmung: Ich sehe jemanden in schreiendem Rot kommen und bevor ich ihn rieche oder sich verhalten sehe, habe ich bereits einen ersten Eindruck von der Person („jemand, der so auftritt/sich kleidet, ist ja wohl …"). „Kleider machen Leute" sagt ein Sprichwort und meint, dass Kleider andere Personen beeindrucken – und das ist richtig. Formelle Kleidung wie der klassische Businessdress bewirkt, dass man beispielsweise ernster genommen wird und einen höheren Status zugeschrieben bekommt (Bickman, 1974; Bushman, 1988; Lefkowitz et al., 1955)" (aus Werth, 2019, S. 115). So schreibt Pulz treffend:

> „Eine Hose ist nie nur eine Hose, ein Shirt ist nie nur ein Shirt. Kleidung erzählt eine Geschichte über ihre TrägerInnen: wie stylish, modisch, gepflegt man ist, wie vermögend, wie detailversessen. Und mit Klamotten verhält es sich eben wie mit Kommunikation: Auch wenn man versucht, gar nichts (aus)zusagen, vermittelt man auch mit schwarzem T-Shirt und Jeans eine Botschaft – und wenn die nur ist: Ich definiere mich nicht über meine Kleidung." (Pulz, 2021)

Doch viel wichtiger ist, dass Ihre Kleidung auch Ihnen hilft, sich in eine Rolle einzufinden: Der Arzt, der sich den Arztkittel anzieht oder der Banker, der sich in Anzug und Krawatte begibt, wird sich sogleich professioneller und beruflicher fühlen als im Freizeitlook. „Ihre Kleidung darf ein Hilfsmittel sein, damit Sie Ihre Rolle besser wahrnehmen können. Gleichzeitig ist es wichtig, dass Sie sich darin wohl fühlen. Sobald Sie sich unwohl fühlen, merkt man Ihnen dies an – nur dass Ihr Unwohlsein oder Ihre Unsicherheit vermutlich nicht auf so etwas Triviales wie Ihre Kleidung zurückgeführt werden wird, sondern vielmehr darauf, dass Ihnen die Situation oder, noch schlimmer, Ihr Gegenüber unangenehm ist.

Kleider sind Requisiten, die Sie unterstützen sollen. Schaffen Sie sich daher gute Ausgangsbedingungen und überlassen Sie Ihre Kleidung nicht dem Zufall – sprich, den paar Minuten vor der Begegnung, in denen Sie wahllos in den Kleiderschrank greifen und das nehmen, was gerade verfügbar ist." (aus Werth, 2019, S. 115). Nutzen Sie diese Requisite so, dass sie eine Aussage hat bzw. eine von Ihnen gewollte Aussage unterstreicht. „Dress for success" sollte also Ihr Motto sein. Finden Sie Ihre Balance zwischen „dem Anlass angemessen" und „sich wohlfühlen", zwischen „adressatengerecht" (Sie sollten niemanden vor den Kopf stoßen) und „glaubwürdig" (indem Sie sich nicht verkleidet vorkommen, unwohl fühlen). Was auch immer Sie anziehen wollen – wählen Sie dies so aus, dass Sie keine weiteren Gedanken mehr daran verschwenden müssen und sich mit vollen Kapazitäten (weil Sie sich wohl und unterstützt fühlen von Ihrem Outfit) dem eigentlichen Geschehen widmen können. Weitere Tipps hierzu finden Sie im Kasten.

Noch ein Tipp: Achten Sie bei Ihrem Äußeren auf die Details. Ungepflegte oder schmutzige Fingernägel können beispielsweise den positiven Eindruck Ihres ansonsten gepflegten Äußeren in Sekunden vernichten. Gleichermaßen ungut wirken ungeputzte Schuhe oder kaputte Absätze.

Kleine Hilfestellung zum richtigen Outfit-finden

Wenn es nun darum geht, welches Outfit es sein soll, können Sie fünf Fragen heranziehen:

1. *Was wollen Sie erreichen?*
   Welche Grundanforderung an Souveränität und erstem Eindruck gilt es zu vermitteln? Wem begegnen Sie und was soll Ihr Gegenüber denken?
2. Worin fühlen Sie sich wohl und souverän?
   Vermeiden Sie jegliches Unwohlsein Ihrerseits, denn man wird es Ihnen anmerken. Finden Sie Ihren Stil (für den jeweiligen Anlass).
3. Was erwartet der Anlass/Kontext von Ihnen?
   Irritation sollte vermieden oder aber bewusst gewollt sein.
4. Was erwartet Ihr Gegenüber von Ihnen?
   Dass Sie sich auf seinem Parkett bewegen können!
5. Was möchten Sie mit Ihrem Äußeren aussagen oder unterstreichen? Was vielleicht kompensieren?
   Was auch immer Sie anziehen, es hat eine Aussage. Kleiden Sie sich klassisch, elegant und schlicht oder eher konservativ und bieder oder aber sportlich und leger? Man wird aus Ihrer Kleidung entsprechend ableiten (bis sich ggf. etwas anderes herausstellt), dass Sie zurückhaltend und dezent, konservativ, aber seriös, dynamisch und locker aktiv sind. Kurzum, Ihr Outfit wird nicht nur, sondern soll auch durchaus etwas (über Sie) aussagen – allerdings dabei weder „schreien" noch aufdringlich wirken (beispielsweise nicht dem Gastgeber oder der Gastgeberin die Show stehlen, zu aufreizend, zu provokant sein). Denn dann fragt man sich gleich, warum Sie es nötig haben, so dominant, betont und zur Schau stellend aufzutreten.
   Beachten Sie auch, für was oder wen Sie stehen: Welches Image müssen/sollen/können Sie für Ihr Unternehmen transportieren? (An einem Bankschalter ist ein Shirt mit der Aufschrift „lost it all" sicherlich irritierend

– und zeigt sehr schön auf, was wir hier meinen, wenn wir sagen „Achten Sie auf die Aussage dessen, was Sie tragen".)

Eine einfache Faustregel ist: Je mehr Vertrauen Sie beim Anderen wecken wollen, desto ähnlicher dem Gegenüber (also ihm entsprechender) sollten Sie selbst gekleidet auftreten (siehe Abschn. 3.2.2, Ähnlichkeit).

Des Weiteren gilt: Heutzutage ist ein klassisches Auftreten nicht mehr zwingend erforderlich, um Seriosität zu verkörpern, denn die Kleidung ist weniger uniform als früher. Sie haben mehr Freiheitsgrade, einen eigenen Stil einzubringen und zu pflegen. So erweist sich heutzutage in den meisten Kontexten leicht underdressed besser als leicht overdressed, weil man dann eher dem Zeitgeist entspricht, d. h. lockerer rüberkommt und nicht als biederer oder arroganter Typ.

Wollen Sie beispielsweise jung und dynamisch wirken, unangepasst oder im weitesten Sinne cool, dennoch aber ernst genommen werden? Dann wäre vielleicht ein eher klassischer Stil mit Jeans, Hemd ohne Krawatte und Sneakern oder Lieblings-Lederschuhen angemessen. Oder sind Sie eher der „betont individuelle" Typ, würden gerne ungewöhnlich aussehen und Ihre Persönlichkeit bzw. Ihr Unternehmen locker und eher leistungsorientiert präsentieren? Dann wählen Sie – einen nicht provozierenden – aber speziellen Stil, wie beispielsweise ein geprintetes Shirt unter einem Sakko, d. h. einen mit Ihnen selbst verbundenen Stil, dem man genau diese unkonventionelle Art des „Wir-lösen-Probleme-weil-wir's-können" ablesen kann. Je souveräner und seriöser Sie auftreten wollen, desto mehr gilt nach wie vor das Business Outfit Anzug bzw. Hosenanzug/Kostüm als richtig.

Bitte beachten Sie als Frau immer die Gradwanderung zwischen feminin und erotisch. „Sex sells" – weil man sich das Bild merkt, nicht aber die Botschaft.[4] Und sofern Sie nicht antreten, um optisch erotisch aufzufallen, sondern weil es Ihnen um Inhalte geht, gilt es, die Aufmerksamkeit auch darauf zu lenken: auf den klugen Kopf der (schönen) Fachfrau.

---

[4] Sog. „Vampireffekt": „interest starts with sex and stops just there" (Steadman, 1969, S. 15; Brosius & Fahrt, 1996).

Kurzum: Genauso wie Sie darauf achten, was Sie verbal sagen, achten Sie auch darauf, was Sie nonverbal aussagen. Es geht darum, wie Sie insgesamt wirken und was man Ihnen aufgrund dieses Auftretens zutraut. Die beste Wirkung werden Sie erzielen, wenn Sie eine gesunde Balance aus Authentizität und Anpassung an die Situation finden. Wie in vielen anderen Situationen, ist auch hier die goldene Mitte der Königsweg. Nutzen Sie die Chance, sich durch Kleinigkeiten (wie Bodyfeedback, eine angemessene Wohlfühlkleidung) eine gute Basis für Ihr Auftreten zu verschaffen. Es sind die kleinen, aber wichtigen Dinge, die eine große Wirkung haben.

2.2 Einfluss Nr. 2: Ihre paraverbale Wirkung[5]

Unabhängig vom Inhalt verändert sich die Wirkung Ihrer Worte mit der Art und Weise, mit der Sie sie sagen; dies wird als **paraverbale Wirkung** bezeichnet. So beeinflusst bereits *wie* jemand spricht, für wie fähig er gehalten, wie sehr er als Führungskraft akzeptiert wird und welche Charaktereigenschaften ihm zugeschrieben werden (Wiley & Eskilson, 1985). Auch in Abhängigkeit ihrer **Stimmhöhe** werden einer Person unterschiedliche Eigenschaften und Gefühle zugeordnet (Bond et al., 1987; Gregory, 1990; Scherer, 1987, 1988). Eine tiefe Stimme wirkt beispielsweise souveräner. Ebenso positiv wirkt sich eine deutlich artikulierte, nicht zu leise Sprechstimme aus.

---

[5] Kurze Passagen dieses Abschnitts sind dem Werk Werth (2019, Abschn. 3.2) entnommen.

Des Weiteren ist die **Sprechgeschwindigkeit** von Bedeutung, denn ein Redner mit schnellem Sprechtempo wird als kompetenter, intelligenter und glaubwürdiger beurteilt als ein Redner mit zu langsamem Tempo oder mit zahlreichen „Ähms" und „Ähs" (nach dem Motto „Der weiß bzw. weiß nicht, was er sagen will"; MacLachlan, 1979; Mehrabian & Wiener, 1967; Miller et al., 1976; Smith et al., 1975). Ein Tipp, falls Sie im Gespräch mal Zeit zum Nachdenken brauchen: Machen Sie eine kurze Sprechpause; eine Pause zwischen zwei Sätzen wirkt kompetent – ein plötzlich abgebrochener Satz hingegen nicht.

Schließlich hat die **Modulation** der Stimme Einfluss: Ein souveränerer Eindruck wird bewirkt, wenn Sie die Stimme am Satzende absenken; lebendig wirken Sie, wenn Sie nicht monoton sprechen, sondern im Sinne von laut und leise, schnell und langsam modulieren. Beachten Sie, dass Stimmen „ansteckend" sind: Personen, die einer traurigen Stimme zugehört hatten, sind danach trauriger und jene, die einer fröhlichen Stimme zugehört hatten, fröhlicher (Neumann & Strack, 2000). Sie haben also ebenfalls in der Hand, wie Sie die Stimmung Ihrer Zuhörerschaft beeinflussen!

Vielleicht mögen Sie das eine oder andere davon zuhause einmal bewusst beobachten, üben, sich aufnehmen und anhören (gerne auch mit den Formulierungshilfen und Beispielen aus den Abschn. 2.3.1 und 2.3.2 sowie den Kap. 4 und 5). Nutzen Sie so die Chance, sich neben dem Nonverbalen auch paraverbal gut zu präsentieren und damit ganz unterschwellig (denn das Paraverbale nimmt meist niemand bewusst wahr) Ihrem Gegenüber einen positiven Eindruck von sich zu vermitteln.

2.3 Einfluss Nr. 3: Ihre verbale Wirkung

Natürlich mögen Charisma, Sympathie und eine hundertprozentige Abstimmung von Inhalt und Körpersprache hilfreich sein, doch sind diese nicht hinreichend, um Sie zu einem angenehmen Gesprächspartner zu machen. Ihr verbales Verhalten ist durchaus daran beteiligt, ob Sie als nervig und unangenehm oder aber als wohltuend und inspirierend erlebt werden – und das ganz unabhängig von seinem Inhalt. Nachstehend finden Sie daher die wichtigsten verbalen No-Gos (oder „Show-Stopper"), die Sie tunlichst vermeiden sollten sowie die wichtigsten verbalen Türöffner, die Sie unbedingt verwenden sollten.

2.3.1 Verbale Show-Stopper

Verbale Show-Stopper haben allesamt die Eigenschaft, auf Dialog und Kommunikation extrem bremsend bis blockierend und beendend zu wirken. Damit sind sie Verhaltensweisen, von denen beim Socializing abzusehen ist.

Show-Stopper „Von sich reden". Wie häufig begegnet uns jemand, der jedes Atemholen unsererseits nur als Einladung nutzt, um selbst einen Monolog zu halten, der jedes Wort von uns als Plattform aufgreift, um von sich zu reden?! Monolog statt Dialog, fehlendes Interesse an anderen, das sind stark bremsende bis blockierende Verhaltensweisen beim Socializing. Beim sog. „von sich reden" signalisiert man dem Gegenüber zwischen den Zeilen: „Im Gegensatz zu meinen sind Deine Probleme Pipifax." Dem Gesprächspartner wird also vermittelt, dass wir sein Anliegen als bedeutungslos ansehen und uns deswegen auch nicht damit beschäftigen.

Ein typisches Beispiel hierzu wäre: Gesprächspartner A setzt an, um von seinem Urlaub zu erzählen „Ich bin vergangene Woche erst aus Ligurien zurückgekommen." Gesprächspartner B unterbricht und sagt: „Ligurien? Da war ich auch schon mal, mein Gott, was haben wir da nicht alles erlebt! Wir waren beispielsweise zuerst am …… und sind dann weitergefahren nach …." und bekommt kein Ende. Er nimmt damit alle Redezeit sowie touristischen Highlights einer Ligurienreise vorweg. Neben der reinen Unhöflichkeit wird dem Gegenüber vermittelt, dass er oder sie uninteressant und unwichtig ist und allenfalls als Zuhörer eine Rolle spielt.

Show-Stopper „Runterspielen". Das, was der andere sagt, kennen oder wissen Sie schon? Sie halten es für überholt, irrelevant oder langweilig? Kennen vielleicht sogar gewichtigere Argumente, die die Aussagen Ihres Gegenübers als lapidar kennzeichnen oder gar abwerten können? Nehmen wir an, Gesprächspartner A hat gerade von seinem gelungenen und wirklich erholsamen Urlaub in Ligurien erzählt; darauf entgegnet Gesprächspartner B: „Das ist ja noch gar nichts. Wir waren mit der Yacht draußen und hatten einen Sternekoch an Bord. Ich mach das immer so, sonst ist es doch kein Urlaub" und wertet damit die Aussagen von Gesprächspartner A ab. Oder ein anderes Beispiel: Sie haben drei Kinder im Abstand von einem Jahr und Ihnen muss wirklich niemand erzählen, was es bedeutet, nächtelang nicht zu schlafen. Die dramatisierten Erzählungen Ihres Gegenübers von seinem ersten Kind sind trotzdem kein Grund für ein abtuendes: „Das ist doch alles Peanuts. Wenn Sie wüssten, was es heißt, …".

Was also stattdessen? Welche Möglichkeiten haben Sie, um das Gespräch und die Beziehungsebene in gutem Fluss zu halten?

- Greifen Sie das Gemeinsame auf, dass Sie im Gesagten sehen, denn wenn es Ihnen bekannt vorkommt, dann kennen Sie ja das Thema, die Erfahrung, die Meinung etc. Fokussieren Sie darauf und nicht auf die Wiederholung. Sagen Sie beispielsweise „Ja, es gibt Momente im Leben, da durchfährt es einen ……. ich kenne Ihr Gefühl hier, wenn auch aus anderen Kontexten."
- Schließen Sie dann eine weiterführende Frage an „Wie haben Sie daraufhin ….?" oder richten Sie das Wort an einen weiteren Gesprächsteilnehmer der Runde „Frau ABC, haben Sie in Ihrem Bereich ebenfalls solche Situationen/Themen zu verdauen?"

Show-Stopper „Widersprechen". Sie hören dem anderen zu und in Ihnen regt sich der Impuls, zu antworten „Also, das sehe ich gänzlich anders! Das kann ich jetzt so nicht stehen lassen, denn das ist eine völlig falsche Sichtweise oder Aussage!"? Der Impuls mag inhaltlich völlig berechtigt sein – und dennoch: Lassen Sie es im Sinne Ihres Gesprächsziels besser bleiben. Denken Sie noch einmal daran, worum es beim Socializing geht bzw. was Sie eigentlich erreichen wollen (siehe Kap. 1). Ein Socializing ist kein Forum für Debatten, keine Aufforderung sich zu positionieren, sondern eine Plattform für ein Kennenlernen und das Aufbauen guter Beziehungen. Bedienen Sie sich daher anstelle des Säbels des Widerspruchs besser geschickter rhetorischer Kniffe wie dieser:

- Nehmen Sie eine Sie überraschende Meinungsäußerung gerne zum Anlass, nachzuhaken, nicht aber zum Anlass, ihr zu widersprechen, sie kleinzureden oder dem anderen seinen Irrtum vor Augen zu führen und ihn bloßzustellen.

- „Fragen statt sagen" ist hier die Devise; formulieren Sie beispielsweise: „Das ist ja interessant, was hat Sie zu dieser Sichtweise geführt?" oder „Oh jetzt bin ich ganz neugierig/aufmerksam, so habe ich das noch nie gehört/ betrachtet. Wie begründen Sie Ihre Meinung?"

Zeigen Sie auf diese Weise die Größe, auch mit Sie irritierenden Meinungsäußerungen souverän umgehen zu können (solange diese nicht jemand anderen beleidigen und daher eines Eingreifens bedürfen). Bedenken Sie, anderen Meinungen nicht zu widersprechen, bedeutet in diesem Kontext nicht, sie anzuerkennen, sondern nur, diplomatisch – also nicht bewertend – mit der Meinungsvielfalt umzugehen.

Kurzum: Die Meinungen und Sichtweisen Ihrer Gesprächspartner geben Ihnen interessante Einblicke und Sie erfahren mit einer Grundhaltung der Neugier weitaus mehr über die Menschen als durch die Betrachtung mit der Bewertungsbrille. Probieren Sie es doch einfach mal aus: Statt ein „Das sehe ich aus gutem Grund ganz anders" wechseln Sie innerlich zu „Interessant, weshalb sieht er/sie das wohl so? Was ist wohl ihr/sein guter Grund, es so zu sehen?" „Liebhaben" müssen Sie sich ja nicht, aber ohne Respekt vor dem Menschsein des anderen und seiner Andersartigkeit wird das Socializing ein Weg voller Steine und Hindernisse sein.

Ein Hinweis noch zum Thema „Dialekt". Sie brauchen nicht verstecken, woher Sie kommen, aber zu auffällig hörbar sollte es auch nicht sein (es sei denn, Sie sind ausschließlich unter Landsleuten und der Dialekt verbindet alle ohne Ausnahme). Während eine mundartige Einfärbung auflockernd wirken kann, ist ein breiter Dialekt hingegen unangemessen und kann Störungen provozieren (sobald man sich über den Dialekt amüsiert oder aber Sie nicht versteht).

2.3.2 Verbale Türöffner

Was kann Ihnen beim Socializen Türen öffnen? Welche verbalen Methoden oder Hilfsmittel können Sie im Sinne eines „Türöffners" einsetzen, um sich den Weg zu bahnen und leichteren Zugang zu anderen Menschen zu finden?

Türöffner „Mit Formulierungen andocken". Die Formulierungen, die Sie verwenden, sind entscheidend, denn ganz unabhängig vom Sachinhalt hat Sprache immer auch eine psychologische Wirkung. Und das gleich in mehrerlei Hinsicht:

- Ihre Formulierungen *spiegeln Ihre eigene innere Haltung wider*. Getreu dem Motto: „Wer will, findet Wege – wer nicht will, findet Gründe", macht es einen für alle hör- und spürbaren Unterschied, ob Sie missmutig, misstrauisch, zweifelnd, ablehnend einem Inhalt gegenüber eingestellt sind oder aber optimistisch, wohlwollend gestimmt, dem anderen zugewandt sind und sich wohl in Ihrer Haut fühlen, ob Sie Wertschätzung für ihn empfinden oder aber auf ihn herabsehen. Man wird es Ihren Formulierungen anmerken (wenn Sie beispielsweise „Auszubildende als billige Arbeitskräfte" oder „als die wunderbare Möglichkeit, jungen Menschen eine berufliche Perspektive zu bieten" beschreiben) – und daraus Schlüsse ziehen. Spüren Sie doch einmal hin, wie die nachfolgenden Sätze auf Sie wirken und mit wem Sie sich lieber unterhalten würden: „Hmmm, was Sie da erzählen, kenne ich nicht" versus „Interessant, was Sie da sagen, könnten Sie mir noch – da ich mit dem Thema bislang wenig zu tun hatte – ein Beispiel geben, wie dies ablaufen würde, sodass ich es mir noch besser vorstellen kann?" oder „Typisch Berufsanfänger, Sie werden mit der Zeit schon merken, dass man die Dinge auch anders sehen/angehen kann" versus „Oh ja, ich erinnere mich noch gut, dass ich in den ersten Jahren meiner Berufstätigkeit mit Ähnlichem zu kämpfen hatte! Die ersten Jahre sind keine leichte Zeit, alles ist neu, muss erst trainiert werden und ist einfach nur anstrengend. Da kann ich Sie gut verstehen!"

- Ihre Formulierungen *beeinflussen die Atmosphäre und lösen im anderen Gefühle aus,* ob Sie wollen oder nicht. So gibt es Formulierungen, die separierend wirken, die Menschen vor den Kopf stoßen oder auch (unnötige) Grenzen ziehen, weil sie schlichtweg hart und negativ getönt sind. Und es gibt Formulierungen, die weich (freundlich), wohlwollend, tolerant sind sowie jene, die sogar begeistern und emotional mitreißen, die andere in ein Gespräch geradezu hineinziehen und einladen, sich zu beteiligen.

Nachstehende Beispielsätze können vor den Kopf stoßen oder auch nicht: „Da stehen Sie aber ganz schön allein mit Ihrer Auffassung!" oder „Sie haben ja eine recht extreme Meinung hierzu, das kann man so nicht stehen lassen" versus „Sie vertreten ja eine ungewöhnliche Meinung hierzu, wie kam es dazu?" oder „Sie berücksichtigen interessante Aspekte in Ihrer Perspektive, welche Erfahrungen hierzu teilen Sie (die anderen)?"

Wieder andere Formulierungen blocken ein Gespräch oder aber machen es besonders spannend: Nehmen wir an, jemand fragt Sie nach Ihrem Lieblingswein und Sie antworten „Grauburgunder" und das Gespräch stockt. Oder aber Sie sagen: „Mein aktueller Lieblingswein ist der Grauburgunder vom Weingut Köbelin – ein kleines, aber zauberhaftes Weingut im Kaiserstuhl. Der Wein ist so unkompliziert und ehrlich und dennoch phantasievoll und wohltuend – wie die Winzerfamilie

selbst. Sehr sorgfältig ausgebaut, wirklich schön. Und wenn Sie mal in der Nähe sind, kann ich Ihnen nur empfehlen, dort Station zu machen, neben dem Wein ist nämlich auch das Gebäude ein Traum, insbesondere der 360° Panorama-Blick vom Dach des Weinguts aus."
- Besonders wirkungsvoll im Sinne eines gelungenen Socializings sind Sie, wenn es Ihnen gelingt, *sich mit Ihren Formulierungen aufs Gegenüber und seine Ebene bzw. das Umfeld einzulassen,* sich anzupassen. Damit meinen wir nun nicht, dass Sie gegenüber Jugendlichen in Jugendslang verfallen oder sich sonst wie unangemessen ausdrücken müssen. Was wir meinen, ist, dass Sie sich nicht sprachlich separieren sollen, also hochgestochen und voller Fremdwörter ausdrücken, wenn Ihr Gegenüber vermutlich dieser nicht mächtig ist und sich anstrengen muss, Sie zu verstehen. Und umgekehrt, Sie sollten nicht zu flapsige oder zu ausdrucksstarke Begriffe („geht mir auf den Sack", „so einen Scheiß" etc.) benutzen, wenn dieses Ihr Gegenüber vor den Kopf stößt bzw. nicht seine Welt ist. Ein solches sich Einstellen auf den anderen und seine Welt ermöglicht das Erleben von Gemeinsamem, schafft eine Wellenlänge und erzeugt ein höheres Wohlbefinden, als wenn man in unterschiedlichen Sprachwelten miteinander kommuniziert.

Da es beim Socializing darauf ankommt, bei anderen anzudocken und Gespräche positiv locker verlaufen zu lassen, sollten Sie sich im Sinne obiger Beispiele im Besonderen um eine positive psychologische Wirkung Ihrer Sprache bemühen.

Türöffner „Fragen stellen und gestellt bekommen". Manch einer stellt Fragen und man fühlt sich ausgehorcht, festgenagelt oder wie im Kreuzverhör. Ein anderer stellt Fragen und man fühlt sich wertgeschätzt, spürt Interesse beim

2 Die Macht des ersten Eindrucks

Gegenüber und es entwickelt sich ein wunderbarer Dialog. Was bewirkt den Unterschied?

- Zunächst einmal gilt: Indem Sie *Fragen stellen, zeigen Sie Interesse* an der anderen Person. Vielleicht kommen Sie sich selbst dabei sogar neugierig oder indiskret vor, doch ob Sie dies in unangenehmer Weise sind oder nicht, hängt davon ab, wie und was Sie fragen.
- *Die richtigen Fragen stellen* Sie, wenn Sie klassische verpönte Themen weglassen (in Deutschland ist das beispielsweise die Frage nach dem Gehalt „Was verdient man denn so in Ihrem Bereich?"; siehe auch weitere Themen im Small Talk in Abschn. 4.3).
- *Im richtigen Ausmaß fragen* Sie, wenn Sie nicht ausschließlich eine Kette von Fragen loslassen, sondern auch mal selber reden und vor allem den/dem Anderen Gelegenheit geben, selbst etwas zu fragen.
- Schließlich sind die richtigen *Frageformulierungen* entscheidend. Es ist sinnvoll, nicht nur sogenannte geschlossene Fragen zu stellen, auf die Ihr Gegenüber nur mit ja oder nein antworten kann, denn dann ist Ihr Gespräch stets sofort versiegt („Haben Sie Kinder?" „Nein." oder „Waren Sie schon einmal hier?" „Ja, war ich."). Ebenso sind Fragen, auf die es nur eine richtige Antwort gibt, bisweilen unangenehm – nämlich dann, wenn der Gefragte die Antwort nicht weiß. Bewahren Sie ihn vor diesem Gesichtsverlust. Am geschicktesten sind sogenannte offene Fragen, d. h. Fragen, die dem anderen eine offene Antwort ermöglichen, weil sie beispielsweise nach „Worin, wie, inwiefern" fragen und damit Meinungen, Einstellungen, Erfahrungen oder Erläuterungen hervorrufen und den anderen zum Reden bringen: „Wie erleben Sie das?", „Woran machen Sie das fest?", „Wie würden Sie vorgehen, wenn Sie das entscheiden könnten?", „Was vermuten Sie, wie

sich das ergeben haben könnte?" Vorteilhaft am Fragen ist auch, dass Sie durch die Antworten viele Ansatzpunkte für den weiteren Gesprächsverlauf erhalten (siehe auch: Fragen im Rahmen des Aktiven Zuhörens, Abschn. 2.3.3). Ein Tipp: Sollten Sie eine vielleicht kritisch wirkende Frage stellen, so nehmen Sie ihr die Brisanz, indem Sie sie erläutern (beispielsweise „Ich frage dies deswegen, weil ich selbst mal erleben musste, dass … man ja immer wieder davon hört/liest, dass …. Wie ist das bei Ihnen/in Ihrem Fall gewesen?")

Fragen zu stellen wird Ihr wichtigstes Werkzeug sein, um durch eine Socializingveranstaltung zu kommen – gemeinsam mit einem weiteren Türöffner, dem aktiven Zuhören.

2.3.3 Türöffner „Aktiv Zuhören"[6]

„Die einfachste Art, einen Menschen zu ehren, ist, ihm zuzuhören."
(Sprichwort, Verf. unbekannt)

„Kennen Sie das wohltuende Gefühl, einem guten Zuhörer gegenüber zu sitzen? Sie erzählen und spüren, dass Ihnen wirklich zugehört wird und Sie verstanden werden mit dem, was Sie berichten. Was macht Ihr Gegenüber, dass diese Wirkung bei Ihnen ankommt? Was unterscheidet einen guten von einem schlechten Zuhörer? Ein guter Zuhörer hört *aktiv* zu, er tut mehr als einfach nur anwesend zu sein und seine Ohren zur Verfügung zu stellen. Er hört nicht nur hin, sondern versucht darüber hinaus zu verstehen, das Gesagte nachzuvollziehen und ist

---

[6]Texte dieses Abschnitts sind in weiten Teilen Werth und Sedlbauer (2011, Abschn. 6.3.3) bzw. Werth (2019, Abschn. 3.3.3) entnommen.

dadurch in der Lage, sich an das, was Sie erzählt haben, auch wirklich zu erinnern.

Mit dieser Fähigkeit des aktiven Zuhörens erreichen Sie sehr hilfreiche Nebeneffekte: Zum einen entsteht eine angenehme Kommunikationsatmosphäre, in der eine Beziehung zueinander aufgebaut und ein wertschätzender Umgang gefördert wird. Zum anderen wird die Kommunikation durch aktives Zuhören qualitativ hochwertig und effizient, weil beispielsweise Missverständnisse schnell ausgeräumt werden.

All dies gelingt Ihnen durch die Berücksichtigung folgender Aspekte (die, wie Sie sehen werden, nicht nur auf verbalen, sondern ebenso auf para- und nonverbalen Verhaltensweisen beruhen):

Türöffner „Gegenseitigkeit und Fairness". „Zunächst einmal ist ein gelungenes Gespräch eine Frage der Gegenseitigkeit. Erwarten Sie nicht nur vom Redenden, dass er Ihre Perspektive als Zuhörer berücksichtigt und bedient, sondern versetzen auch Sie sich in seine Rolle und seien Sie das Publikum, das Sie als Akteur selbst gerne vor sich hätten. Sobald Sie den anderen in seinem Handeln unterstützen, ihm beispielsweise möglichst viele positive Signale zukommen lassen, machen Sie ihn sicherer und die Kommunikation für alle Seiten angenehmer. Selbst an gestandenen Rednern geht das Verhalten eines Publikums nicht wirkungslos vorüber: Während eine wohlwollende Zuhörerschaft den Redner bestätigt und ihn zur Hochform auflaufen lässt, löst ein gleichgültiges oder Widerspruch signalisierendes Publikum ein Gefühl der Ablehnung aus und kann die Leistung schmälern" (aus Werth, 2019, S. 137)".

Türöffner „Freundlich schauen". Stellen Sie sich vor, Sie erzählen in einer geselligen Runde etwas und schauen währenddessen in missmutig oder gelangweilt blickende Gesichter – wie leicht wird es Ihnen nun fallen zu zeigen, dass Sie ein guter Erzähler und sympathischer Mensch sind? „Bedenken Sie, dass es für einen Akteur einen großen Unterschied macht, ob er in gleichgültige oder in freundliche Gesichter schaut, die ihm signalisieren, dass sie sich auf das Bevorstehende freuen. Unterstützen Sie einen Akteur mit einem offenen und freundlichen Blick – das macht ihm eine Freude und hat für Sie selbst den Vorteil, dass Sie dank Bodyfeedback (vgl. Abschn. 3.1.2, Nonverbales Verhalten) positiver gesinnt sind und aufgrund einer dadurch erhöhten Kreativität vermutlich auf bessere Aussagen bzw. spannendere Inhalte kommen" (aus Werth, 2019, S. 138). Vielleicht hilft es Ihnen mit einer von Neugierde und Offenheit geprägten Haltung in das Gespräch zu gehen: „Mal sehen, was ich hier heute über wen und was erfahren/lernen kann. Es wird sicher etwas Gutes für mich dabei sein."

Übrigens, viele Menschen, die sich in einem Gespräch konzentrieren, bemerken gar nicht, wie ihre Mimik ist. Reflektieren Sie gerade in wichtigen Situationen Ihre Mimik und setzen Sie eine wohlwollende (oder zumindest entspannte) Miene auf. Nicht zuletzt benötigen Akteure auch immer wieder Blickpartner unter den Zuhörern. Erwidern Sie daher als Zuhörer den Blickkontakt eines Akteurs freundlich.

Türöffner „Aufmerksamkeit". Verschütten Sie Ihre Aufmerksamkeit nicht großzügig mit der Gießkanne an jeden, der vorbeiläuft, sondern genießen Sie es, sie in Ruhe in einem Kontext zu belassen. Widmen Sie Ihre Aufmerksamkeit tatsächlich *dem* Akteur, mit dem Sie gerade zu tun haben (sei es der Vortragende bei einer Vortragsveranstaltung oder aber Ihr aktueller Gesprächspartner beim Small Talk). „Was hier trivial klingt, ist dennoch seltener anzutreffen als man glaubt: Wer kennt es nicht, dass sich Zuhörer während eines Vortrags mit dem Nachbarn unterhalten, SMS schreiben oder abwesend aus dem Fenster schauen?" (aus Werth, 2019, S. 139). Wenn Sie sich dafür entschieden haben, an einer Veranstaltung teilzunehmen oder mit jemandem (wenn auch nur per Small Talk) zu sprechen, dann seien Sie auch wirklich präsent – dies ist ein Gebot der Höflichkeit und des Respekts für denjenigen, der Ihnen gerade seine Zeit schenkt. Und sicherlich würden Sie sich im umgekehrten Fall ebenso wünschen, auf ein wertschätzendes Publikum zu treffen.

Türöffner „Nonverbale und paraverbale Bestätigung". Lassen Sie den anderen merken, dass Sie seinen Ausführungen folgen können, dass seine Scherze ankommen, seine Beispiele zutreffen – dass Sie ihm zuhören und präsent sind. Die einfachste Möglichkeit hierzu ist das Kopfnicken oder das bestätigende „Mmmhhh" (im Sinne von „ja"). „Kennen Sie das „Ohhhh!" und „Ahhh!" eines Publikums oder das gemeinsame Lachen? All das sind emotionale Reaktionen eines Publikums, die vom Akteur gewollt sind und deren Eintreten ihm signalisieren, dass er den richtigen Ton und Inhalt trifft. Auch wenn der gut gemeinte Scherz Sie beim besten Willen nicht zum Lachen bringt, schenken Sie dem Gegenüber zumindest ein Lächeln als Zeichen der Anerkennung, es kann sein Auftreten positiv beeinflussen. Da Stirnrunzeln, verständnisloses Kopfschütteln oder Augenrollen den Akteur in seiner Leistung negativ beeinflussen und noch dazu wenig wertschätzend sind, sollten Sie von diesen absehen" (aus Werth, 2019, S. 139).

Türöffner „Konstruktiv und interessiert nachfragen". Die Wichtigkeit von Fragen für ein gelingendes Gespräch haben wir bereits oben erwähnt (Abschn. 2.3.2).

Da Fragen auch im Rahmen des Aktiven Zuhörens ein unerlässliches Werkzeug sind, sollen die diesbezüglich wichtigsten Aspekte hier nur nochmals zusammengefasst werden. Zunächst einmal gilt: Verhalten Sie sich so, wie Sie selbst behandelt werden möchten. Lassen Sie den anderen ausreden. Dass Sie zugehört haben und Ihr Nachfragen ein Zeichen Ihres guten Zuhörens und Interesses ist (und keine Selbstdarstellung), sollten Sie beim Nachfragen auch verbal zum Ausdruck bringen. Nehmen Sie Ihrem Gegenüber nicht seine Plattform, indem Sie hinter Nachfragen ein „Koreferat" oder eine Kritik verstecken, das wäre kein guter Stil. Fragen Sie interessiert und wertschätzend in wenigen Worten nach und begründen Sie ggf. eine Frage, damit sie besser eingeordnet werden kann („Ich frage dies, weil ich mir nicht sicher bin, ob …"; siehe weiter vorne).

„Kurzum: Selbst wenn Sie sich verbal nicht aktiv einbringen, beeinflussen Sie dennoch den Gesprächspartner sowie die Atmosphäre – Sie können in der Rolle des Zuhörers also gar nicht passiv sein bzw. nicht *nicht* kommunizieren. Nutzen Sie daher die Chance, die Situation konstruktiv mitzugestalten. Seien Sie ein wertvoller Zuhörer, indem Sie eine wertschätzende Einstellung zum Akteur und dem, was er sagt sowie eine bewusste Kommunikation dieser Haltung in Sprache und Körpersprache zum Ausdruck bringen." (aus Werth, 2019, S. 140)

2.4 Take-Home-Message

Menschen werten und richten ihre Wahrnehmung selektiv nach dem ersten Eindruck und ihrer Erwartung aus; möglicherweise bleiben sie an einem Detail des anderen hängen und „färben" alle weiteren Wahrnehmungen entsprechend ein. Der erste Eindruck prägt daher und ist oft nur mühevoll wieder auszuräumen. Besonders gewichtig beim Bilden des ersten Eindrucks sind in absteigender Reihenfolge das nonverbale, gefolgt vom paraverbalen zum verbalen Auftreten – und jedes hat seine ganz eigenen Wirkmechanismen.

Die nonverbale Wirkung beinhaltet Kleidung und nonverbales Verhalten (wie Mimik, Gestik, Blickkontakt etc.). Die paraverbale Wirkung umfasst u. a. Stimme, Modulation und Artikulation, die verbale Wirkung basiert auf Wortwahl und Formulierungen sowie insbesondere speziellen Do's und Don'ts, gekonnter Fragetechniken sowie dem Aktiven Zuhören. Indem Sie diese drei Säulen des ersten Eindrucks für sich im positiven Sinne ausfüllen und gestalten, können Sie den ersten Eindruck, den andere von Ihnen gewinnen, entscheidend mitbestimmen.

Wie Sie im Speziellen auch Ihr Charisma, Ihre Sympathie und Ihre Attraktivität für andere mitgestalten können, finden Sie im Folgenden ausgeführt.

Literatur

Adelmann, P. K., & Zajonc, R. B. (1989). Facial efference and the experience of emotion. *Annual Review of Psychology, 40*, 249–280.

Aguinis, H., Simonsen, M. M., & Pierce, C. A. (1998). Effects of nonverbal behavior on perceptions of power bases. *The Journal of Social Psychology, 138*(4), 455–469.

Alley, T. R. (1988). *Social and applied aspects of perceiving faces*. Erlbaum.

Anderson, N. R. (1991). Decision making in the graduate selection interview: An experimental investigation. *Human Relations, 44*(4), 403–417.

Argyle, M., Alkema, F., & Gilmour, R. (1971). The communication of friendly and hostile attitudes by verbal and non-verbal signals. *European Journal of Social Psychology, 1*, 385–402.

Argyle, M., Salter, V., Nicholson, H., Williams, M., & Burgess, P. (1970). The communication of inferior and superior attitudes by verbal and non-verbal signals. *British Journal of Social & Clinical Psychology, 9*(3), 222–231.

Berry, D. S., & McArthur, L. Z. (1986). Perceiving character in faces: The impact of age-related craniofacial changes in social perception. *Psychological Bulletin, 100*, 3–18.

Bickman, L. (1974). The social power of a uniform. *Journal of Applied Social Psychology, 4*(1), 47–61.

Bond, R. N., Welkowitz, J., Goldschmidt, H., & Wattenberg, S. (1987). Vocal frequency and person perception: Effects of perceptual salience and nonverbal sensitivity. *Journal of Psycholinguistic Research, 16*, 335–350.

Brosius, H. B., & Fahr, A. (1996). *Werbewirkung im Fernsehen. Aktuelle Befunde der Medienforschung*. Fischer.

Bull, R., & Rumsey, N. (1988). *The social psychology of facial appearance*. Springer.

Burgoon, J. K., Manusov, V., Mineo, P., & Hale, J. L. (1985). Effects of gaze on hiring, credibility, attraction and relational message interpretation. *Journal of Nonverbal Behavior, 9*(3), 133–146.

Bushman, B. J. (1988). The effects of apparel on compliance: A field experiment with a female authority figure. *Personality and Social Bulletin, 14*, 459–467.

Chaney, L. H., & Martin, J. S. (2007). *Intercultural business communication* (4. Aufl.). Pearson.

DePaulo, B. M., & Friedman, H. S. (1998). Nonverbal communication. In D. T. Gilbert, S. T. Fiske, & G. Lindsey (Hrsg.), *The handbook of social psychology* (4. Aufl., Bd. 2, S. 3–40). McGraw-Hill.

DePaulo, B. M., & Kirkendoll, S. E. (1989). The motivational impairment effect in the communication of deception. In J. C. Yuille (Hrsg.), *Credibility assessment* (S. 51–70). Kluwer.

Dougherty, T. W., Turban, D. B., & Callender, J. C. (1994). Confirming first impressions in the employment interview: A field study of interviewer behavior. *Journal of Applied Psychology, 79*, 659–665.

Droney, J. M., & Brooks, C. I. (1993). Attributions of self-esteem as a function of duration of eye contact. *The Journal of Social Psychology, 133*(5), 715–722.

Friedman, H. S., Riggio, R. E., & Casella, D. F. (1988). Nonverbal skill, personal charisma, and initial attraction. *Personality and Social Psychology Bulletin, 14*(1), 203–211.

Gosling, S. D., Ko, S. J., Mannarelli, T., & Morris, M. E. (2002). A room with a cue: Personality judgments based on offices and bedrooms. *Journal of Personality and Social Psychology, 82*, 379–398.

Gregory, S. W. (1990). Analysis of fundamental frequency reveals covariation in interview partners' speech. *Journal of Nonverbal Behavior, 14*, 237–251.

Gudykunst, W. B., Ting-Toomey, S., & Nishida, T. (Hrsg.). (1996). *Communication in personal relationships across cultures*. Sage.

Hall, E. T., & Hall, M. R. (1990). *Understanding cultural differences*. Intercultural Press.

Hatfield, E., Cacioppo, J. T., & Rapson, R. L. (1992). Primitive emotional contagion. *Emotion and social behaviour. Review of Personality and Social Psychology, 14*, 151–177.

Hatfield, E., Cacioppo, J. T., & Rapson, R. L. (1993). Emotional contagion. *Current Directions in Psychological Science, 2*, 96–99.

Henley, N. M. (1977). *Body politics: Power, sex and nonverbal communication*. Prentice-Hall.

Herman, C. P., Zanna, M. P., & Higgins, E. T. (1986). *Physical appearance, stigma, and social behavior: The Ontario symposium*. Erlbaum.

Joseph, N., & Alex, N. (1972). The uniform: A sociological perspective. *American Journal of Sociology, 77*, 719–730.

Judge, T. A., & Cable, D. M. (2004). The effect of physical height on workplace success and income: Preliminary test of a theoretical model. *Journal of Applied Psychology, 89*(3), 428–441.

Knapp, M. L., & Hall, J. A. (1997). *Nonverbal communication in human interaction*. Harcourt Brace.

Laird, J. D., Wagener, J. J., Halal, M., & Szegda, M. (1982). Remembering what you feel: Effects of emotion on memory. *Journal of Personality and Social Psychology, 42*(4), 646–657.

Lefkowitz, M., Blake, R. R., & Mouton, J. S. (1955). Status factors in pedestrian violation of traffic signals. *Journal of Abnormal and Social Psychology, 51*, 704–706.

MacLachlan, J. (1979). What people really think of fast talkers. *Psychology Today*, 113–117.

Mast, M. S., & Hall, J. A. (2004). Who is the boss and who is not? Accuracy of judging status. *Journal of Nonverbal Behavior, 28*, 145–165.

McShane, T. D. (1993). Effects of nonverbal cues and verbal first impressions in unstructured and situational interview settings. *Applied H.R.M. Research, 4*(2), 137–150.

Mehrabian, A., & Ferris, S. R. (1967). Inference of attitudes from nonverbal communication in two channels. *Journal of Consulting Psychology, 31*(3), 248–252.

Mehrabian, A., & Wiener, M. (1967). Decoding of inconsistent communications. *Journal of Personality and Social Psychology, 6*(1), 109–114.

Mehrabian, A. (1969). Significance of posture and position in the communication of attitude and status relationships. *Psychological Bulletin, 71*(5), 359–372.

Mehrabian, A. (1971). *Silent messages*. Wadsworth Publishing Company.

Mehrabian, A. (1972). *Nonverbal communication*. Aldine-Atherton.

Miller, N., Maruyama, G., Beaber, R. J., & Valone, K. (1976). Speed of speech and persuasion. *Journal of Personality and Social Psychology, 34*(4), 615–624.

Murphy, K. R., Jako, R. A., & Anhalt, R. L. (1993). Nature and consequences of halo error: A critical analysis. *Journal of Applied Psychology, 78*, 218–225.

Napieralski, L. P., Brooks, C. I., & Droney, J. M. (1995). The effect of duration of eye contact on American college students' attributions of state, trait, and test anxiety. *The Journal of Social Psychology, 135*, 273–280.

Neumann, R., & Strack, F. (2000). „Mood contagion": The automatic transfer of mood between persons. *Journal of Personality and Social Psychology, 79*, 211–223.

Nisbett, R. E., & Wilson, T. D. (1977). The halo effect: Evidence for unconscious alteration of judgments. *Journal of Personality and Social Psychology, 35*, 250–256.

Pulz, M. (2021). Männer, schafft eure Anzüge ab. https://www.jetzt.de/meine-theorie/anzuege-sind-ein-symbol-des-patriarchats-und-gehoeren-abgeschafft. Zugegriffen: 3. Nov. 2021.

Riskind, J. H. (1983). Nonverbal expressions and the accessibility of life experience memories: A congruence hypothesis. *Social Cognition, 2*, 62–86.

Röhner, J., & Schütz, A. (2012). *Psychologie der Kommunikation*. Springer VS.

Sabatelli, R. M., & Rubin, M. (1986). Nonverbal expressiveness and physical attractiveness as mediators of interpersonal perceptions. *Journal of Nonverbal Behavior, 10*(2), 120–133.

Scherer, K. R. (1987). Personality inference from voice quality: The loud voice of extroversion. *European Journal of Social Psychology, 8*, 467–487.

Scherer, K. R. (1988). *Facets of emotion: Recent research*. Erlbaum.

Smith, B. L., Brown, B. L., Strong, W. J., & Rencher, A. C. (1975). Effects of speech rate on personality perception. *Language and Speech, 18*(2), 145–152.

Steadman, M. (1969). How sexy illustrations affect brand recall. *Journal of Advertising Research, 9*(1), 15–19.

Stepper, S., & Strack, F. (1993). Proprioceptive determinants of emotional and non-emotional feelings. *Journal of Personality and Social Psychology, 64*, 211–220.

Strack, F., & Neumann, R. (2000). Furrowing the brow may undermine perceived fame: The role of facial feedback in judgments of celebrity. *Personality and Social Psychology Bulletin, 26*, 762–768.

Suzuki, M. (1996). A study of posture: Relationships between self-evaluations of each part of the body, depressive mood, sense of health, and self-esteem. *The Japanese Journal of Health Psychology, 9*, 1–8.

Washburn, P. V., & Hakel, M. D. (1973). Visual cues and verbal content as influences on impressions formed after simulated employment interviews. *Journal of Applied Psychology, 58*(1), 137–141.

Watzlawick, P., & Beavin, J. (1967). Some formal aspects of communication. *American Behavioral Scientist, 10*, 4–8.

Werth, L., & Förster, J. (2001). Erfolg beginnt nicht nur im Kopf! Bodyfeedback: Wie der Körper unser Verhalten beeinflusst. *Wirtschaftspsychologie, 4*, 220–225.

Werth, L., & Thum, C. (2007). *Geschäftsessen souverän gestalten*. Spektrum Akademischer Verlag.

Werth, L. (2003). Auf die Haltung kommt es an. *Psychologie Heute, 2*, 60–63.

Werth, L. (2019). *Als Künstler erfolgreich sein*. BOD.

Werth, L. & Sedlbauer, K. (2011). *In Forschung und Lehre professionell agieren*. Deutscher Hochschulverband.

Wiley, M. G., & Eskilson, A. (1985). Speech style, gender stereotypes, and corporate success: What if women talk more like men? *Sex Roles: A Journal of Research, 12*(9–10), 993–1007.

Yamaguchi, K. (2002). The influences of smiling behavior, eye contact and personality on the employment-interviewer's evaluations of self-promotion. *Japanese Journal of Experimental Social Psychology, 42*, 55–65.

Young, R. K., Kennedy, A. H., Newhouse, A., Browne, P., & Thiessen, D. (1993). The effects of names on perceptions of intelligence popularity, and competence. *Journal of Applied Social Psychology, 23*, 1770–1788.

Zajonc, R. B., Murphy, S. T., & Inglehart, M. (1989). Feeling and facial efference: Implications of the vascular theory of emotion. *Psychological Review, 96*(3), 395–416.

Zebrowitz, L. A. (1997). *Reading faces: Window to the soul?* Westview.

3

Charisma, Sympathie und Attraktivität

> **Life Piece**
>
> Wenn Sie einmal an George Clooney denken – sehen Sie ihn dann auch vor sich, wie er mit dem ihm eigenen Charisma und seiner Attraktivität einen Raum betritt, sich ihm alle Blicke zuwenden und er allein durch sein Sein bereits alle in Bann zieht? Für viele ist er der Inbegriff eines charismatischen und attraktiven Geschäftsmanns. Wer würde nicht gern mit so jemandem gesehen werden, mit ihm gemeinsam Zeit verbringen, eine Kooperation eingehen?

Vermutlich haben Sie schon einmal jemandem zugehört, der in einer Gruppe von Personen gerade etwas erzählte und gedacht „Wow, was für eine spannende Person, ich könnte noch stundenlang zuhören"? Worin bestand ihre besondere Ausstrahlung? Hatte sie das gewisse Etwas, und wenn ja, was hat es mit dieser Ausstrahlung auf sich? Was meinen Sie braucht es, um andere zu begeistern und anzustecken? Kann man lernen, die eigene Sichtweise so zu vertreten, dass andere einem geradezu fasziniert an den Lippen hängen? Jene andere immer wieder gerne auf einen zukommen, mit einem zusammen sein und -arbeiten wollen? Und haben Sie vielleicht auch schon einmal gedacht „Ach, wenn ich doch nur etwas charismatischer wäre, dann …"?

3.1 Charismatisch sein

In der Tat ist Charisma eine machtvolle Eigenschaft. Denn sie öffnet jenen, die sie besitzen, Türen, die anderen verschlossen bleiben und gilt zurecht als Schlüssel zum Erfolg. Doch ist die gute Nachricht: Charisma speist sich nicht aus einer angeborenen Gabe, die manche haben und andere eben nicht, sondern aus einer bestimmten inneren Haltung kombiniert mit ganz speziellen Fähigkeiten (zu denen wir konkret weiter unten kommen), die sich – zumindest anteilig – erlernen und trainieren lassen. Zugegeben, für den einen ist dies ein erreichbarer Weg mit überschaubarem Aufwand, für den anderen erscheint der zu erklimmende Berg höher – aber nichtsdestotrotz kann jeder von uns einiges dafür tun, um all die positiven Aspekte für sich nutzbar zu machen.

Woraus besteht Charisma, wenn man es in psychologische Komponenten zerlegt? Charisma lässt sich in drei Komponenten mit jeweils einer emotionalen und einer sozialen Facette messen (die im Falle eines charismatischen Menschen alle balanciert vorliegen; siehe Abb. 3.1; Riggio, 1986, 2005):

Expressivität (ist am sichtbarsten). Während *soziale* Expressivität die Fähigkeit beschreibt, sicher und eloquent (wortgewandt) öffentlich aufzutreten, zu sprechen und andere mühelos in Gespräche zu verwickeln, ist *emotionale*

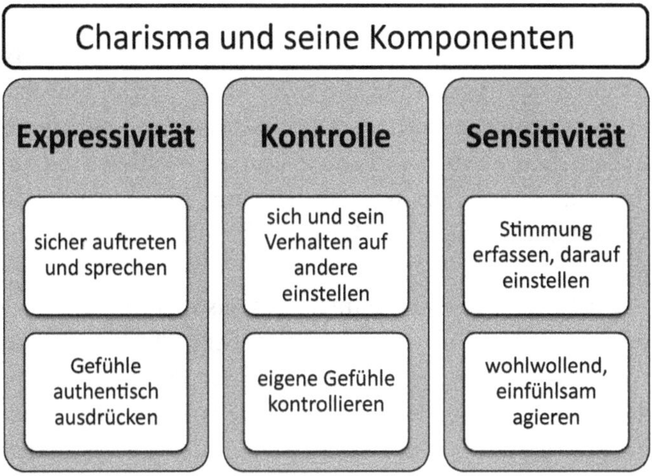

Charisma und seine Komponenten

Expressivität
- sicher auftreten und sprechen
- Gefühle authentisch ausdrücken

Kontrolle
- sich und sein Verhalten auf andere einstellen
- eigene Gefühle kontrollieren

Sensitivität
- Stimmung erfassen, darauf einstellen
- wohlwollend, einfühlsam agieren

Abb. 3.1 Charisma und seine Komponenten (mit beispielhaften Verhaltensweisen)

Expressivität das Talent, Gefühle unvermittelt und authentisch auszudrücken und an andere weiterzugeben.

Kontrolle. *Soziale* Kontrolle bedeutet beispielsweise, sich schnell auf sehr unterschiedliche Menschen und Situationen einstellen und sein Verhalten anpassen zu können. *Emotionale* Kontrolle erfasst die Fähigkeit, die eigenen Gefühle und Gefühlsausdrücke gut zu kontrollieren. Charismatische Menschen verfügen über beides und geraten deshalb selten in ein Fettnäpfchen oder in Wutausbrüche.

Sensitivität. Sensitivität bedeutet Feinfühligkeit oder Empfindsamkeit und beinhaltet die Fähigkeit, die Signale eines anderen wahrnehmen, richtig interpretieren sowie angemessen und prompt darauf reagieren zu können. Diese Sensitivität ist es, die es charismatischen Menschen ermöglicht, schnell sehr tiefe emotionale Verbindungen zu anderen aufzunehmen. Die *soziale* Facette von Sensitivität sorgt dafür, dass sie die Stimmung und Atmosphäre in Gruppen schnell erfassen und sich taktvoll auf sie einstellen. Die *emotionale* Facette lässt sie wohlwollend und einfühlsam auf Einzelne zugehen und ihnen das Gefühl vermitteln, in diesem Moment der einzig Wichtige zu sein.

Zusammenfassend könnte man also sagen: Charisma wird derjenigen Person zugeschrieben, der die Balance zwischen der Wahrnehmung eigener Bedürfnisse und deren emotionaler Kontrolle einerseits sowie der Anteilnahme am und dem Eingehen auf das Leben anderer andererseits gelingt.

Viele Aspekte von Charisma lassen sich durch eine *außergewöhnliche Kommunikation* erklären: die sichere, sensible und wortgewandte Fähigkeit, eigene Gefühle auszudrücken und die der anderen bis in die Feinheiten wahrzunehmen und taktvoll damit umzugehen. Neben Eloquenz hat auch unser nicht-verbales Verhalten (Paraverbales und Nonverbales, vgl. Abschn. 2.1 und 2.2), wie beispielsweise eine lebendige Körpersprache und ein ausdrucksreiches Mienenspiel, einen sehr großen Einfluss darauf hat, ob wir als charismatisch wahrgenommen werden oder nicht.

Hinzukommen muss allerdings auch ein entsprechendes „Innenleben" der Person, rein rhetorische Fähigkeiten reichen hier noch nicht, sie sind lediglich das Werkzeug, um mit anderen auf eine besondere Weise in Kontakt zu treten. Die eigene Überzeugung und Klarheit, ein gesunder Optimismus, die Fokussierung auf Erfolg, Ziele, Visionen sind ebenso unerlässlich wie Offenheit und Interesse. Wer wertfrei interessiert und offen ist, erscheint anziehend – ganz im Gegensatz zu jemandem, der nur von sich berichtet oder mit „Schubladendenken" auftritt.

Kurzum: Ihre charismatische Ausstrahlung ist sowohl ein Spiegel Ihres Inneren (der eigenen Einstellungen, des Umgangs mit sich selbst) als auch Ihres äußeren Auftretens und Agierens. Und beides haben Sie (allein) in der Hand. Also machen Sie etwas draus (vgl. Kasten)!

> **An der eigenen Ausstrahlung arbeiten**
>
> Eine charismatischere Ausstrahlung gewinnen Sie, indem Sie ...
>
> - *eigene Visionen und Ziele vor Augen haben/eine ansteckende Zielstrebigkeit aufweisen*
>   Was treibt Sie um? Haben Sie eine Vision, die Sie anstreben? Leiten Sie aus Ihren Visionen und Wünschen Ziele ab – Ziele, die Leidenschaft und Begeisterung auslösen und die Sie erreichen wollen (und können)? Haben Sie einen Sinn, eine Mission, in der Sie unterwegs sind? Teilen Sie sie mit! Der Charismatiker setzt sich Ziele, verfolgt diese ambitioniert und lässt sie Realität werden.
> - *zufrieden und voller Lebensfreude sind*
>   Sind Sie mit dem zufrieden, was Sie tun, haben und sind? Zufriedenheit auszustrahlen ist das A und O, denn es wirkt anziehend und zaubert Ihnen eine Lächeln auf die Lippen. Der Charismatiker wirkt zuversichtlich, vertraut auf das Leben, in die Zukunft und in sich. Bewahren Sie sich eine geradezu kindliche Begeisterungsfähigkeit, Freude über Erfolge und Vorfreude – diese sind ansteckend und geben Ihnen wie anderen Lebensfreude.
> - *ein gesundes Selbstbewusstsein entwickeln*
>   Kennen Sie Ihre eigenen Talente und Stärken sowie Schwächen und Grenzen? Können Sie sie annehmen? Denn erst dann entwickeln Sie ein gesundes Selbstvertrauen, können Dinge anpacken und an sich glauben. Das wiederum lässt andere an Sie glauben. Der Charismatiker ist eins mit sich, trotz aller Unperfektion.
> - *Ihr Einfühlungsvermögen trainieren*
>   Verstehen Sie Ihr Gegenüber? Üben Sie sich darin, die Perspektive des anderen einzunehmen, ihn wirklich zu verstehen. Man wird Vertrauen zu Ihnen fassen, wenn

man das Gefühl hat, dass Sie ohne zu urteilen jemanden verstehen und akzeptieren können. Ein Charismatiker kann sich in andere hineinversetzen und Adressaten-adäquat kommunizieren.
- *authentisch und extrovertiert sind*
  Sind Sie kongruent in Ihrem Gesamtauftritt (vgl. Kap. 2, Die Macht des ersten Eindrucks)? Das, was Sie sagen, sollten Sie auch meinen, „practice what you preach" Ihr Motto sein. Setzen Sie Kommunikation und Körpersprache kontrolliert und gezielt ein. Lassen Sie das soziale Umfeld an dem, was Ihnen wichtig ist und Sie begeistert, teilhaben. Seien Sie, sobald Sie das Wort ergreifen, ehrlich und sich selber treu. Ein Charismatiker wirkt offen, zugänglich und authentisch.
- *voll mitreißender Energie sind*
  Verspüren Sie geistigen Tatendrang? Genau der wirkt anziehend auf andere. Aus all den o. g. Komponenten schöpft der Charismatiker Energie; mit einem Lächeln und jeder Menge Vorfreude und Motivation gepaart, reißt er andere mit.

Wenn Ihnen einiges davon für Momentaufnahmen gelingt, ist viel gewonnen. Und aus zahlreichen Momenten ergibt sich dann sukzessive ein dauerhafteres charismatisches Agieren.

3.2 Sympathien erzeugen

Ein weiterer Schlüssel auf dem Weg zum Erfolg sind die eigene Sympathie und Attraktivität. Denn auf Sympathiebasis gelingen auch Geschäfts-Abschlüsse und andere berufliche Erfolge besser, da man einander schlichtweg wohlgesonnen ist. Nachfolgend erfahren Sie, aus welchen Komponenten sich Sympathie zusammensetzt und wie Sie Ihre eigene Sympathieausstrahlung beeinflussen können.

Häufig ist uns dabei gar nicht bewusst, welche Informationen und welche Schlussfolgerungen dazu führen, dass wir jemanden für sympathisch oder kompetent halten,

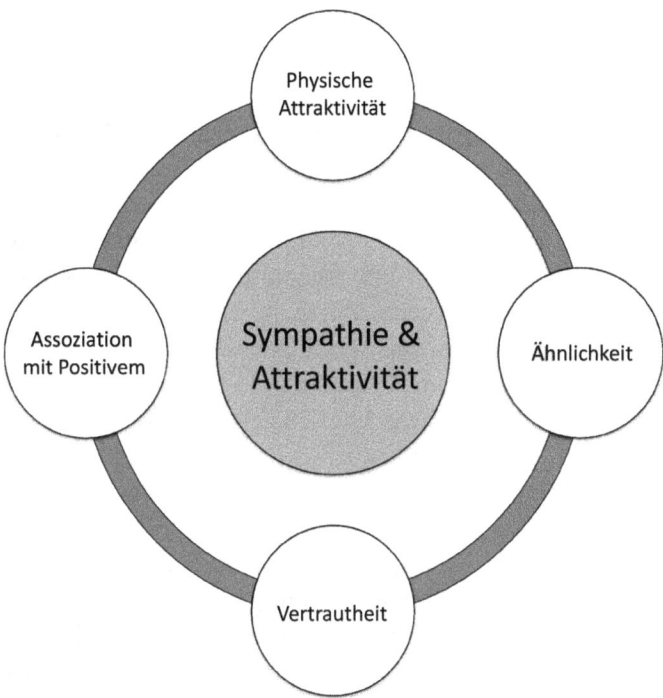

Abb. 3.2 Faktoren, die dazu führen, dass wir eine Person als sympathisch und attraktiv wahrnehmen

da insbesondere der erste Eindruck weitgehend automatisch gebildet wird (Smith & Mackie, 2000, S. 67). Forschungsergebnisse haben gezeigt, dass insbesondere nachstehende vier Mechanismen für unsere Sympathieeinschätzungen entscheidend sind (siehe Abb. 3.2).

Nachfolgend werden die Wirkungsweisen dieser vier Aspekte erläutert und skizziert, wie Sie Ihrerseits diese so nutzen können, dass Sie mit ihnen Sympathien für sich erzeugen.

3.2.1 Attraktivität

Physisch attraktive Personen sind (obgleich dieser Zusammenhang statistisch gesehen nicht allzu groß ist) in der Regel weniger einsam, weniger sozial ängstlich, beliebter, sozial kompetenter sowie sexuell erfahrener als unattraktive Personen (Feingold, 1992). Wir neigen dazu, attraktiven Menschen unverhältnismäßig große positive Aspekte zuzuschreiben: Physisch attraktive Menschen werden gewöhnlich als geselliger, dominanter, mental gesünder, intelligenter und sozial kompetenter wahrgenommen als physisch wenig attraktive Personen. Attraktive Kinder und Erwachsene werden sowohl positiver bewertet als auch wohlwollender behandelt als unattraktive. Beispielsweise werden ihnen mehr positive Eigenschaften wie Begabung, Ehrlichkeit oder auch Intelligenz zugeschrieben und sie werden insgesamt als glücklichere und fähigere Menschen wahrgenommen. Der Wirkung von Attraktivität liegt der bereits erwähnte Halo-Effekt zugrunde (vgl. Kap. 2): Der Gesamteindruck, den eine Person auf andere macht, wird durch ein einzelnes positives Merkmal (hier: ihre physische Attraktivität) dominiert (Dion et al., 1972; Eagly et al., 1991; Langlois et al., 2000).

Effekte dieser Verzerrung sind in verschiedensten Bereichen nachgewiesen worden (Bierhoff et al., 1989; Castellow et al., 1990; Downs & Lyons, 1991; Efran & Patterson, 1976; Kulka & Kessler, 1978; Kurtzberg et al., 1968; Mack & Rainey, 1990; Patzer, 1985; Schuler & Berger, 1979; Stewart, 1980, 1985). Um nur einige exemplarisch zu nennen:

- Attraktive Kandidaten gewinnen eher eine Wahl als unattraktive. Befragt man die Wähler diesbezüglich, so bestreiten sie jedoch, von der Attraktivität der Kandidaten beeinflusst worden zu sein.

- In Personalauswahlgesprächen kann die äußerliche Erscheinung eines Bewerbers für seine Einstellungschancen ausschlaggebender sein als seine berufliche Qualifikation – auch in diesem Zusammenhang behaupten die Urteiler häufig, dass das Äußere für ihre Personalentscheidung keine Rolle gespielt habe.
- Attraktive Menschen haben vor Gericht bessere Chancen, denn sie werden weniger hart verurteilt und bei wiederholter Straffälligkeit weniger häufig erneut verurteilt.

Sympathiefaktor 1: Seien Sie attraktiv für andere
Fragen Sie sich gerade, wie Sie an Ihrer *physischen Attraktivität* drehen sollen? Ob Sie zum Friseur gehen, sich im Gym anmelden oder gar neu einkleiden sollen? Ihre physische Attraktivität können Sie nur bedingt beeinflussen, dennoch sollte ein gepflegtes Äußeres im Business ebenso selbstverständlich sein wie ein anlassgemäßes (Hinweise hierzu siehe Abschn. 2.1.2, Türöffner „Kleidung"). Das gilt in Startups und Co-Working Spaces ebenso wie im Mittelstand, Handwerk und in Großkonzernen.

Doch Attraktivität speist sich aus weit mehr als nur aus Ihrem Aussehen. Neben der physischen Attraktivität sollten Sie auch *im psychologischen Sinne attraktiv* sein für andere. Und das sind Sie immer dann, wenn Sie die Bedürfnisse anderer bedienen, einen Mehrwert für sie bieten. Dies gelingt Ihnen durch …

- **Ihre Aura.** Wenn Sie präsent, aber nicht aufdringlich, begeisterungsfähig und energetisiert sind. Menschen, die kraftvoll und zugleich in sich ruhend wirken, sind anziehend (vgl. auch Abschn. 3.1 zu Charisma).
- **Ihren Umgang mit anderen.** Wenn Sie sozialkompetent, zuvorkommend und hilfsbereit agieren, wenn Sie sich

als guter Gesprächspartner und aufmerksamer Zuhörer erweisen (siehe Abschn. 2.3.2 und 2.3.3), dann sind Sie ein angenehmes und damit attraktives Gegenüber.

- **Ihre Inhalte und Inspiration.** Wenn Sie inspirieren, Interessantes zu berichten haben, gut unterhalten, vielleicht auch bedeutsame Kontakte, das gesuchte Budget, die rettende Notlösung haben oder ein schier unerschöpflicher Ideentank sind; all das macht Sie ebenfalls zu einem höchst attraktiven Gegenüber.
- **das Gefühl, das Sie erzeugen.** Wenn Sie anderen das Gefühl geben, wertgeschätzt, verehrt, interessant zu sein, kurzum: wenn man gerne mit Ihnen zusammen ist, sich gut dabei fühlt und bereichert aus einer Begegnung mit Ihnen herausgeht, dann ist in Ihrer Gesellschaft zu sein, attraktiv. Dies gelingt Ihnen beispielsweise, indem Sie jemandem die volle Aufmerksamkeit widmen, ihm zuhören, ohne abgelenkt zu sein, aktiv zuhören (vgl. Abschn. 2.3.3), interessierte Fragen stellen (vgl. Abschn. 2.3.2) und wertschätzende Formulierungen verwenden (vgl. Abschn. 2.3.2). Wenn Sie hingegen vorlaut oder anbiedernd agieren (beispielsweise weil Sie unbedingt ankommen und dem anderen etwas verkaufen wollen), erzeugen Sie im Gegenüber eher Gefühle des Genervt seins und Widerstands.

Bewirken Sie auf diese Weise, dass man gerne mit Ihnen zusammen ist. Übrigens: Mit all diesen Dingen müssen Sie nicht aufdringlich sein, sie können ganz dezent ablaufen. Im nachstehenden Kasten finden Sie weitere Tipps, um die eigene Attraktivität für andere mitzugestalten.

Hilfreiche Fragen zur Vorbereitung

Machen Sie sich im Voraus ein paar Gedanken *über den anstehenden Kontakt:*

- Wen werden Sie treffen? Wie geht es der Person vermutlich? Was geschieht gerade in ihrem Umfeld, was wird sie daher sehr beschäftigen? Was könnte ihr derzeit gut tun, hilfreich für sie sein? Wie könnten Sie dazu beitragen?
- Falls Sie sich schon kennen: Was schätzen Sie an der Person, auf was an dieser Person freuen Sie sich? Was vom letzten Kontakt mit ihr möchten Sie nochmals aufgreifen?
- Was interessiert Sie? Was möchten Sie sie fragen?

Mit vorbereitenden Gedanken dieser Art können Sie sich besser auf die andere Person einstellen und passgenauer agieren.

Machen Sie sich Gedanken *zu Ihrer eigenen Person.* Denn Sie sollen trotz aller Gedanken um den anderen nicht everybody's darling sein wollen, sondern sich Ihrer selbst bewusst sein. Wer weiß, was „seins" ist, kann viel mehr er selbst sein. Reflektieren Sie daher:

- Was sind Ihre Stärken? Was fällt Ihnen leicht? Was können Sie gut?
- Was machen Sie gerne? Wofür brennen Sie? Was begeistert Sie? Wann sind Sie im Flow? (Und von was sollten Sie lieber die Finger lassen?)
- Wovon könnten auch andere profitieren? Was haben Sie „zu bieten", bringen Sie in diesen Kontakt ein? Was könnten Sie Gutes für andere tun (ohne sich dabei zu verstellen)?

3.2.2 Ähnlichkeit

Nicht nur besonders attraktive Personen, sondern auch uns selbst in irgendeiner Art und Weise ähnliche Menschen sind uns sympathischer und werden von uns bevorzugt (Werth et al., 2020). Dies ist darauf zurückzuführen, dass uns ähnliche Menschen unsere eigene Person nicht infrage stellen, sondern uns und unsere Einstellung bestätigen. Des Weiteren können wir annehmen, dass dies auf Gegenseitigkeit beruht, d. h., dass ein uns ähnliches Gegenüber uns ebenfalls mehr mögen wird. Dies bewirkt, dass wir ihnen wohlwollender und nachgiebiger gegenübertreten. Nicht zuletzt können wir uns leichter in uns ähnliche Personen hineinversetzen und entsprechend leichter mit ihnen interagieren als mit uns unähnlichen.

Die Ähnlichkeit kann sich dabei auf verschiedenste Aspekte beziehen: auf Wertvorstellungen, Gewohnheiten, Einstellungen, Weltanschauungen oder auch auf demografische Variablen (z. B. Alter, Geschlecht, Herkunft, Berufserfahrung) etc. Vorgesetzte beurteilen beispielsweise ihnen selbst ähnliche Mitarbeitende positiver, und in Einstellungsgesprächen werden den Beurteilern ähnliche Bewerber besser bewertet. Umgekehrt vertrauen Mitarbeitende ihnen ähnlichen Vorgesetzten mehr (Pulakos & Wexley, 1983; Sears & Rowe, 2003; Turban & Jones, 1988; Wayne & Liden, 1995). Darüber hinaus kann die Ähnlichkeit auch eine völlig irrelevante Dimension betreffen: Nur weil jemand am selben Tag Geburtstag hat wie man selbst, folgt daraus nicht, dass er deswegen beispielsweise eine Aufgabe, die er übernehmen soll, gut machen wird. Dennoch wird eine Person, die einen ähnlichen Namen oder das gleiche Geburtsdatum hat wie man selbst (was eigentlich eine irrelevante Ähnlichkeit ist), mehr gemocht, und auch die Hilfsbereitschaft ist dieser Person gegenüber größer (Garner, 2005).

Sympathiefaktor 2: Erzeugen Sie Ähnlichkeiten

Manche Ähnlichkeiten liegen auf der Hand und können einfach genutzt werden, nach anderen muss man Ausschau halten oder sich sogar erst einmal an sie herantasten –

doch ohne verbindende Ähnlichkeiten werden Nähe und Sympathie schwierig.

Kokettieren Sie mit offensichtlichen Ähnlichkeiten. Es mag Ihnen einfacher vorkommen, wenn Sie bei einer Veranstaltung in Bayern offensichtlich die einzigen Borussia Dortmund Fans sind, dies anzusprechen, aber seien Sie versichert, es geht auch mit weniger leidenschaftlich besetzten Ähnlichkeiten – Sie müssen diese nur ggf. etwas charmanter aufgreifen. Sie tragen beide Turnschuhe derselben Marke oder die gleiche Krawatte? Sie greifen den ganzen Abend schon nach den gleichen Häppchen am Buffet, entdecken bei einander auf den Namensschildchen die gleichen Initialen? All dies bietet ausreichend Ansatzpunkte, um einander anzusprechen (vgl. auch Abschn. 4.3, Small Talk), beispielsweise

- „Wenn wir beide schon die einzigen hier sind, die die Lachshäppchen präferieren, dann sollten wir doch wenigstens miteinander darauf anstoßen/voneinander erfahren, ob wir auch die gleichen Produkte hier präferieren …"
- „Wenn ich hier schon mal jemanden mit dem gleichen seltenen Vor-/Namen/Turnschuhen/Krawatte treffe, dann darf ich Sie vielleicht auch gleich fragen, welchen Sektor Sie hier vertreten …"
- „Ach, ich sehe gerade (auf dem Namensschildchen beispielsweise), dass Sie aus Aachen angereist sind. Wie schön, dass ich jemanden hier aus meiner Heimatstadt treffe. Darf ich fragen, was Sie hierher geführt hat/was Sie in Aachen machen/ob Sie gebürtig aus Aachen sind oder erst später dorthin gezogen sind?"

Stellen Sie Gemeinsamkeiten her. Jemand erzählt etwas und Sie erkennen eine Gemeinsamkeit? Dann sprechen Sie diese an, beispielsweise

- „Ach, Sie sind auch aus dem Rheinland? Da bin ich ebenfalls aufgewachsen."
- „Sie waren mit der Familie im Urlaub? Wir haben unseren Familienurlaub noch anstehen und suchen noch nach guten Ideen, wie man als Familie Urlaub in Corona-Zeiten machen kann – was können Sie hier empfehlen/wie sind Ihre Erfahrungen?"
- „Sie spielen Handball? Das habe ich bis zu meinem Umzug auch – was für eine schöne Vereinssportart!"
- „Schau an, Sie haben auch zuerst eine Lehre und dann ein Studium gemacht – ich auch." ODER „Sie haben auch in Hohenheim studiert? Ich ebenfalls. Wann waren Sie dort?"

In aller Regel freut dies den anderen, denn Gemeinsamkeiten erzeugen ein gutes Gefühl, Sie bestätigen einen – allerdings nicht, wenn Sie die Gemeinsamkeit als Anlass nehmen, daraufhin das Gespräch an sich zu reißen und von sich selbst zu berichten. Im Gesprächsverlauf können Sie die entdeckte Gemeinsamkeit auch gerne nochmals aufgreifen:

- „Wollen wir beiden Rheinländer dann mal sehen, ob die Bayern auch ein anständiges Bier brauen können und uns eines holen?"
- „Da wir vorhin bereits unsere gemeinsame Liebe zur Toskana entdeckt haben, mögen Sie noch ein bisschen erzählen von den Orten, die Ihnen dort am meisten am Herzen liegen?"/„… Südfrankreich; welche Erfahrungen haben Sie gemacht als Sie dort gelebt haben, wurden Sie beispielsweise gut aufgenommen und integriert?"

3 Charisma, Sympathie und Attraktivität

Sprechen Sie auch das verborgene Gemeinsame an. Im Laufe eines Gesprächs geschieht es immer wieder, dass man auf frappierende Unterschiede stößt und man innerlich den Kopf schüttelt über das, was der andere gerade sagt. Wenn Sie Ihre Missbilligung oder Ihr Unverständnis nun deutlich machen, so wird dies eine Distanz zwischen Ihnen schaffen. Selbst wenn Sie nichts sagen und versuchen, neutral zu bleiben, wird diese Neutralität keine Verbindung zwischen Ihnen herstellen. Achten Sie daher darauf, welche Verbindung es tatsächlich zwischen Ihnen gibt und wie Sie diese aufgreifen können. Beispielsweise könnten Sie sagen:

- „Sehen Sie, da tun wir uns beide schwer mit der Musik der Band hier, wenn auch auf unterschiedliche Weise."
- „Sehen Sie, wenn wir auch nicht der gleichen Auffassung sind, so teilen wir doch beide, dass Politik einen nicht loslässt, dass wir sie mit Leidenschaft angehen und nicht weggucken können, wenn etwas schiefgeht."[1]

Oder wenn Ihr Gegenüber voller Elan vom Sport erzählt, Sport aber so gar nicht Ihr Ding ist, könnten Sie dennoch auf eine Gemeinsamkeit schauen:

- „Wie schön, dass Sie so voller Leidenschaft und Vehemenz für Ihr Hobby sein können – das geht mir bei meinem Hobby auch so und ich mag Menschen, die sich begeistern können."

Dies bedeutet nicht, dass Sie dem anderen nach dem Mund reden und immerzu beipflichten, sondern dass

---

[1] Auch wenn Politik eigentlich kein geeignetes Small-Talk-Thema ist, so ist dies hier eine gute Deeskalationsmethode, wenn sich jemand politisch echauffiert.

Sie anstelle von Unterschieden auf Gemeinsamkeiten fokussieren und diese herausstellen. Dies ist übrigens auch in Konfliktsituationen eine sehr hilfreiche Strategie.

3.2.3 Vertrautheit

Des Weiteren wird die Sympathie, die wir für jemanden empfinden, auch davon beeinflusst, wie oft wir jemanden sehen und wie vertraut er uns dadurch ist. „In der Regel mögen wir das, was wir kennen". Vertrautheit macht sympathisch – Personen, mit denen wir Kontakt haben, sind uns vertrauter und damit auch sympathischer (Festinger, 1950; Zajonc, 1968; Zajonc et al., 1974). Doch auch ohne echte Interaktion, d. h. ohne Kontakt im engeren Sinne, kann Vertrautheit entstehen: Bereits das wiederholte Sehen oder das bloße Nebeneinandersitzen in Veranstaltungen führt dazu, dass wir uns mit dieser Person anfreunden, sie als interessanter, warmherziger, attraktiver und intelligenter einschätzen, ihren Namen mehr mögen (Harrison, 1969; Moreland & Beach, 1992; Segal, 1974). Schließlich lässt auch bereits die bloße *Annahme*, eine Person in Zukunft wieder zu treffen (d. h. das Wissen, dass sie uns vertrauter werden wird), diese interessanter und sympathischer erscheinen (Berscheid et al., 1976).

Hintergrund des Ganzen ist, dass die wiederholte Darbietung eines Reizes (z. B. einer Person oder eines Gegenstands) in uns ein Gefühl von Vertrautheit auslöst (sog. *Mere-Exposure*-Effekt; Monin, 2003; Zajonc, 1968, 2001). Vertrautheit entsteht daraus, dass wir einen bekannten Reiz leichter wahrnehmen können, und das wiederum ist für uns – angesichts unserer begrenzten Ressourcen – etwas Positives. Dies muss uns nicht notwendigerweise bewusst sein, um zu wirken. Allerdings erhöht die wiederholte Darbietung die positive Beurteilung nur bis zu einem gewissen Punkt, danach wird die Wiederholung eher neutral oder sogar als langweilig erlebt (Bornstein et al., 1990; Montoya et al., 2017; Zajonc et al., 1972).

Sympathiefaktor 3: Etablieren Sie Vertrautheit
Vertrautheit muss wachsen und kann nicht mit der Gießkanne ausgeschüttet werden. Doch Sie können einiges dazu beitragen, dass Vertrautheit entsteht und somit einen Nährboden für Sympathien schaffen.

Kontaktpflege betreiben. Zunächst einmal entsteht Vertrautheit durch räumliche und zeitliche Nähe. Das bedeutet für Sie: Wer sich nie sieht und hört, wird auch nicht vertraut miteinander. Gehen Sie zu Anlässen, bei denen derjenige, mit dem Sie vertraut werden möchten, ebenfalls ist; zeigen Sie sich. Wenn Sie in Kontakt sind: Melden Sie sich immer mal wieder, bringen Sie sich in Erinnerung, kommen Sie im Leben des anderen vor.

An Vertrautes anknüpfen. Merken Sie sich, was man Ihnen erzählt hat und knüpfen Sie beim nächsten Mal daran wieder an. Dazu gehört auch, sich beispielsweise die Namen der Kinder oder Partner zu merken, den Herkunftsort, die Hobbies. So könnten Sie dann diesbezüglich nachfragen.

- Ihr Gesprächspartner hatte im Nebensatz erwähnt, dass er leidenschaftlich gern Rennrad fährt – dann fragen Sie nach: „Na, was macht das Rennradfahren?"
- Sie berichtete von ihrem Hausbau? Dann fragen Sie „Was macht Ihr Hausbau, sind Sie bereits eingezogen?"
- Er erzählte eine Anekdote zur Einschulung seiner Zwillinge? Dann sprechen Sie ihn drauf an: „Wie geht es denn Nora und Leon, wie gefällt ihnen der Schulalltag?".

Dies zeigt, dass bei Ihnen Vertrautheit entstanden ist und es sich bewährt, Ihnen etwas kundzutun. Wenn Sie nur fragen „Na, wie ist es so bei Ihnen?", zeigen Sie nicht, dass Sie aus dem letzten Kontakt etwas mitgenommen und sich gemerkt haben. An Vertrautes anzuknüpfen, erzeugt Nähe.

Dosierte Selbstoffenbarung. Teilen auch Sie etwas von Ihrem Leben mit, steuern Sie etwas bei zum gegenseitigen Kennenlernen, zum miteinander vertrauter werden. Aber bitte dosiert: Schütten Sie nicht das ganze Drama Ihres Lebens aus, auch keine pikanten Details, sondern streuen Sie immer mal dieses oder jenes mit ein (Hobbies, Interessen, Familienanekdoten, Urlaubserlebnisse etc.).

3.2.4 Assoziation mit Positivem

Des Weiteren hat *die Assoziation mit positiven oder negativen Dingen* Einfluss darauf, wie beliebt eine Person bei anderen ist (Lott & Lott, 1965). So sind Politessen unbeliebt, weil wir sie mit Strafzetteln in Verbindung bringen, „Weihnachtsmänner", die vor dem Supermarkt Geschenke austeilen, dagegen beliebt, weil wir sie mit etwas Positivem verbinden. Dem liegt zugrunde, dass unser Gehirn so funktioniert, dass Aktivierungen von Inhalten stattfinden: Konkret bedeutet dies, dass eine Person bei uns „gedanklich aktiviert wird" (z. B. dadurch, dass wir sie sehen oder ihr Name genannt wird) und dadurch automatisch die mit dieser Person bzw. Personengruppe verbundenen Inhalte mitaktiviert werden (z. B. wird „Strafzettel" aktiviert, wenn wir eine Politesse sehen, „hilfsbereites Verhalten" im Falle von Mutter Teresa oder „radikales Gedankengut" im Falle von Trump), und das ungeachtet dessen, wie diese Person tatsächlich ist oder wie sie sich in der aktuellen Situation verhält. Gleichermaßen wirken sich auch die zu einer Person gehörenden bzw. mit ihr assoziierten Personen aus (Hebl & Mannix, 2003): Wenn derjenige sich beständig mit diesen von mir als unangenehm beurteilten Menschen umgibt, ist er mir unsympathisch; gehört er zu der von mir als nett bewerteten bzw. netten Clique, wird er mir vermutlich ebenso sympathisch sein wie die Clique. Kurzum, es ist entscheidend, womit Sie assoziiert werden – doch darauf können Sie durchaus Einfluss nehmen, wie Sie nun nachfolgend lesen können.

Sympathiefaktor 4: Generieren Sie gedankliche Verknüpfungen mit Positivem
Sie müssen weder ein Star sein noch in den Medien oder durch ein großartiges Event auffallen. Denn auch mit kleinen Dingen lassen sich sehr effektiv positive gedankliche Verknüpfungen (Assoziationen) generieren und dadurch Sympathien gewinnen.

Positives Umfeld haben. Gehen Sie bedacht damit um, mit wem Sie sich wo präsentieren. Man assoziiert Sie mit den Personen Ihres Umfelds, ebenso mit den Lokalitäten, in denen Sie gesehen werden und mit der Aufmachung (Kleidung, Statussymbole) sowie der Lautstärke (Rumgrölen, lautes Gelächter), in der Sie dies tun. Hier gilt also das Motto: „Sage mir, mit wem du dich umgibst und ich sage dir, wer du bist". Vermutlich würden Sie Ihr Geld lieber einem Finanzberater mit Eigenheim und Familie anvertrauen als einem Champagnerkorken knallenden Jungspund-Berater, der in den angesagtesten Clubs der Stadt zuhause ist? Sehen Sie, in diesem Sinne kann das, was man mit jemandem als Umfeld assoziiert (weil man ihn dort sieht oder aber er uns davon erzählt), bedeutsam für das Image und seine Attraktivität für uns sein.

Erinnerbarkeit schaffen. Sie haben ein cleveres Werbegeschenk? Dann versenden Sie es. Werbegeschenke (die nicht nullachtfünfzehn sind) sind eine wunderbare Möglichkeit, sich mit Positivem zu assoziieren. Die klassischen Stadionwerbebanner beim Fußball ebenfalls. Aber auch eine Einladung zu einer VIP-Veranstaltung mit einem schönen Event oder einem besonderen Gastredner können Sie zu einer entsprechenden Sympathieübertragung nutzen.

Sich positiv hervortun. Sprechen Sie Einladungen aus, initiieren Sie Kontakte, übernehmen Sie ein Ehrenamt (und sprechen Sie dezent darüber, beispielsweise „Oh, dies kenne ich aus meiner Mitarbeit bei abc; wir haben da auch immer wieder mit der Problematik zu kämpfen, dass … Wie haben Sie dies ….?"), seien Sie hilfsbereit und tun Sie Dinge immer wieder auch völlig uneigennützig (vgl. Abschn. 8.2, Wie Networking geht). Vor allem aber: machen Sie Ihre Arbeit gut. Das, was man macht, schlichtweg gut zu machen, ist die beste Werbung, um sich mit Positivem zu assoziieren.

3.3 Take-Home-Message

Wie Sie gesehen haben, kann ein jeder seine Wirkung auf andere beeinflussen, die eigene Sympathie und auch das eigene Charisma sind vielseitig gestaltbar (für einen Überblick siehe Abb. 3.3). Ihre charismatische Wirkung hat entscheidend damit zu tun, wie expressiv (beispielsweise mimisch ausdrucksstark) Sie agieren, wie gut Sie Ihre Gefühle im Griff haben bzw. diese authentisch vermitteln können sowie wie feinfühlig Sie auf andere eingehen. Um die eigene Attraktivität und Sympathiewirkung zu beeinflussen, können Sie Ähnlichkeiten mit Ihrem Gegen-

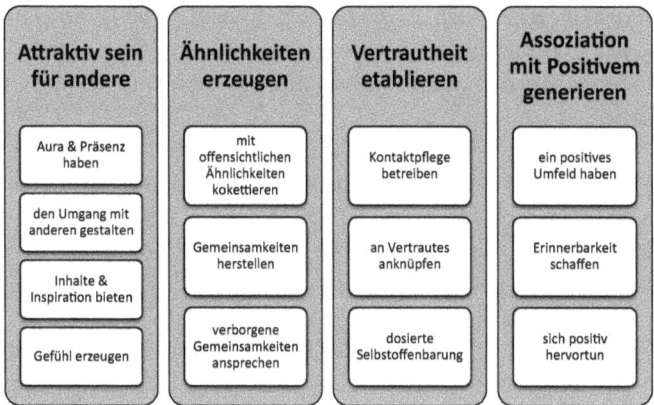

Abb. 3.3 Konkrete Möglichkeiten, die eigene Attraktivität und Sympathiewirkung auf andere zu steigern

über betonen, Vertrautheit etablieren, Assoziationen mit Positivem erzeugen.

Wie Sie Gespräche im Rahmen von Small Talk führen, wird im nachfolgenden Kap. 4 beschrieben. Wie Sie im Rahmen von Socializing über den eigenen Job reden, ist Gegenstand von Kap. 5.

Literatur

Berscheid, E., Graziano, W., Monson, T., & Dermer, M. (1976). Outcome dependency: Attention, attribution, and attraction. *Journal of Personality and Social Psychology, 34,* 978–989.

Bierhoff, H. W., Buck, E., & Klein, R. (1989). Attractiveness and respectability of the offender as factors in the evaluation of criminal cases. In H. Wegener, F. Lösel, & J. Haisch (Hrsg.), *Criminal behavior and the justice system* (S. 193–207). Springer.

Bornstein, R. F., Kale, A. R., & Cornell, K. R. (1990). Boredom as a limiting condition on the mere exposure effect. *Journal of Personality and Social Psychology, 58*, 791–800.

Castellow, W. A., Wuensch, K. L., & Moore, C. H. (1990). Effects of physical attractiveness of the plaintiff and defendant in sexual harassment judgements. *Journal of Social Behavior and Personality, 5*, 547–562.

Dion, K. K., Berscheid, E., & Walster, E. (1972). What is beautiful is good. *Journal of Personality and Social Psychology, 24*, 285–290.

Downs, A. C., & Lyons, P. M. (1991). Natural observations of the link between attractiveness and initial legal judgements. *Personality and Social Psychology Bulletin, 17*, 541–547.

Eagly, A. H., Ashmore, R. D., Makhijani, M. G., & Longo, L. C. (1991). What is beautiful is good, but …: A meta-analytic review of research on the physical attractiveness stereotype. *Psychological Bulletin, 110*, 109–128.

Efran, M. G. & Patterson, E. W. J. (1976). *The politics of appearance*. Unpublished manuscript.

Feingold, A. (1992). Good-looking people are not what we think. *Psychological Bulletin, 111*, 304–341.

Festinger, L. (1950). Informal social communication. *Psychological Review, 57*, 271–282.

Garner, R. (2005). What's in a name? Persuasion perhaps. *Journal of Consumer Psychology, 15*, 108–116.

Harrison, A. A. (1969). Exposure and popularity. *Journal of Personality, 37*, 359–377.

Hebl, M. R., & Mannix, L. M. (2003). The weight of obesity in evaluating others: A mere proximity effect. *Personality and Social Psychology Bulletin, 29*, 28–38.

Kulka, R. A., & Kessler, J. B. (1978). Is justice really blind? The influence of litigant physical attractiveness on juridical judgment. *Journal of Applied Social Psychology, 8*, 366–381.

Kurtzberg, R. L., Safar, H. & Cavior, N. (1968). Surgical and social rehabilitation of adult offenders. *Proceedings of the 76th Annual Convention of the American Psychological Association, 3*, 649–650.

Langlois, J. H., Kalakanis, L., Rubenstein, A. J., Larson, A., Hallam, M., & Smoot, M. (2000). Maxims or myths of beauty? A meta-analytic and theoretical review. *Psychological Bulletin, 126*, 390–423.

Lott, A. J., & Lott, B. E. (1965). Group cohesiveness as interpersonal attraction: A review of relationships with antecedent and consequent variables. *Psychological Bulletin, 64*, 259–309.

Mack, D., & Rainey, D. (1990). Female applicants' grooming and personnel selection. *Journal of Social Behavior and Personality, 5*, 399–407.

Monin, B. (2003). The warm glow heuristic: When liking leads to familiarity. *Journal of Personality and Social Psychology, 85*, 1035–1048.

Montoya, R. M., Horton, R. S., Vevea, J. L., Citkowicz, M., & Lauber, E. A. (2017). A re-examination of the mere exposure effect: The influence of repeated exposure on recognition, familiarity, and liking. *Psychological Bulletin, 143*, 459–498.

Moreland, R. L., & Beach, S. R. (1992). Exposure effects in the classroom: The development of affinity among students. *Journal of Experimental Social Psychology, 28*, 255–276.

Patzer, G. L. (1985). *The physical attractiveness phenomena*. Plenum.

Pulakos, E. D., & Wexley, K. N. (1983). The relationship among perceptual similarity, sex, and performance ratings in manager-subordinate dyads. *Academy of Management Journal, 26*, 129–139.

Riggio, R. E. (1986). Assessment of basic social skills. *Journal of Personality and Social Psychology, 51*, 649–660.

Riggio, R. E. (2005). *The Social Skills Inventory (SSI): Measuring nonverbal and social skills. The sourcebook of nonverbal measures: Going beyond words*, 25–33.

Schuler, H., & Berger, W. (1979). Physische Attraktivität als Determinante für Beurteilung und Einstellungsempfehlung. *Psychologie und Praxis, 23*, 59–70.

Sears, G. J., & Rowe, P. M. (2003). A personality-based similar-to-me effect in the employment interview:

Conscientiousness, affect-versus competence-mediated interpretations, and the role of job relevance. *Canadian Journal of Behavioural Science, 35*, 13–24.

Segal, M. W. (1974). Alphabet and attraction: An unobtrusive measure of the effect of propinquity in a field setting. *Journal of Personality and Social Psychology, 30*, 654–657.

Smith, E. R., & Mackie, D. M. (2000). *Social psychology* (2. Aufl.). Psychology Press.

Stewart, J. E., II. (1980). Defendant's attractiveness as a factor in the outcome of trials. *Journal of Applied Social Psychology, 10*, 348–361.

Stewart, J. E., II. (1985). Appearance and punishment: The attraction-leniency effect in the courtroom. *Journal of Social Psychology, 125*, 373–378.

Turban, D. B., & Jones, A. P. (1988). Supervisor-subordinate similarity: Types, effects, and mechanisms. *Journal of Applied Psychology, 73*, 228–234.

Wayne, S. J., & Liden, R. C. (1995). Effects of impression management on performance ratings: A longitudinal study. *Academy of Management Journal, 38*, 232–260.

Werth L., Denzler M. & Mayer J. (2020). *Soziale Wahrnehmung*. In: *Sozialpsychologie – Das Individuum im sozialen Kontext*. Springer.

Zajonc, R. B. (1968). Attitudinal effects of mere exposure. *Journal of Personality and Social Psychology, 9*, 1–27.

Zajonc, R. B. (2001). Mere exposure: A gateway to the subliminal. *Current Directions in Psychological Science, 10*, 224–228.

Zajonc, R. B., Crandall, R., Kail, R. V., & Swap, W. (1974). Effect of extreme exposure frequencies on different affective ratings of stimuli. *Perceptual and Motor Skills, 38*, 667–678.

Zajonc, R. B., Shaver, P., Tavris, C., & Van Kreveld, D. (1972). Exposure, satiation, and stimulus discriminability. *Journal of Personality and Social Psychology, 21*, 270–280.

Teil III

Baustein III – Die Kommunikation

4

Die Kunst des Smalltalkens

> **Life Piece**
>
> Stellen Sie sich folgende Situation vor. Sie erwarten einen Gast in Ihren Räumlichkeiten. Sie gehen runter in die Lobby, um Ihren Gast zu empfangen und in den Besprechungsraum im 8. Stockwerk zu begleiten. In der Lobby begrüßen Sie einander und betreten den Aufzug. Kennen Sie das Gefühl, nun mit peinlichem Schweigen oder ein paar gequälten Sätzen im beengten Aufzug miteinander zu verbringen? Auf diese Weise würden Sie nun beide mit einer unangenehmen oder zumindest befremdlichen Stimmung in die Besprechung starten.
>
> Wie schön wäre es hingegen, wenn Sie diese Minuten im Aufzug bereits nutzen könnten, um Wohlbefinden zu erzeugen, Sympathien zu gewinnen und den anderen positiv auf das Meeting einzustimmen? Mit einem guten Small Talk wird Ihnen dies gelingen. Smalltalken zu können ist somit ein weiterer Schlüssel zum Erfolg.

Wie und wo auch immer, Sie kommen ins Gespräch. Doch worüber sprechen Sie? „Mein Name ist Meiermüllerschmitt, ich bin Banker." Und dann?!? Dann ist sie da, die Small-Talk-Situation und es stellt sich die Frage, wie läuft es nun optimalerweise weiter ab?

4.1 Was es ist und was es soll

Die **Aufgabe** eines Small Talks besteht darin, sich (und das Gegenüber) angenehm und locker zu unterhalten. Sinn und Zweck ist es, Distanz zu überwinden und eine positive Beziehung aufzubauen. Man versucht, sich näherzukommen, ohne sich dabei zu nahezukommen. Wie bei allem hängt die Erreichung dieser Ziele und damit die Qualität eines Small Talks von der Beachtung einiger Regeln ab.

Ein Small Talk ist wie der Name schon sagt „small", er dauert in der Regel **5 bis 15 min.** Er ist beabsichtigt belanglos, denn er dient nur der Überbrückung zu etwas anderem, beispielsweise bis zur Eröffnung der Veranstaltung oder zum Beginn der Reden. Würde ein Small Talk länger als diese Minuten geführt werden, würde er nach kurzer Zeit langweilig und zäh werden, sodass er dann entweder in etwas anderes übergehen (beispielsweise in ein Arbeitsgespräch, eine Besichtigung) oder die beteiligten Personen durchwechseln sollten (wie es bei einer Feier oder Party der Fall wäre, wenn Sie sich mal mit diesem und mal mit jenem unterhalten).

Begegnen Sie Ihrem/n Gesprächspartner(n) mit einer **offenen Haltung** und das sowohl von der inneren Einstellung her, indem Sie offen sind gegenüber dem, was er anspricht und wie er agiert, als auch von Ihrem Körperausdruck her (keine vor der Brust verschränkten Arme; vgl. Abschn. 2.1, Nonverbales Verhalten). Zeigen Sie eine freundliche Mimik (aber kein „Dauergrinsen"!), nicken Sie dann und wann als Zeichen des Zuhörens (vgl.

Abschn. 2.3.3, Aktiv Zuhören), halten Sie Blickkontakt und sprechen Sie mit einem freundlichen Tonfall. Wahren Sie dabei immer eine höfliche Distanz (vgl. Abschn. 2.1, Nonverbales Verhalten). Schenken Sie Ihrem Gegenüber Aufmerksamkeit (schauen Sie also nicht immer wieder woanders hin, sonst denkt er, Sie wären eigentlich gern woanders und unterhalten sich nur gezwungenermaßen mit ihm), bringen Sie ihm Wohlwollen und Wertschätzung entgegen und signalisieren Sie durch konkrete Fragen Ihr Interesse.

Tipp: Dies gelingt Ihnen am besten, wenn Sie sich nicht erhaben oder ihm überlegen fühlen, sondern ihn auf Augenhöhe wahrnehmen (als Gast, als Mensch, als Gesprächspartner).[1] Manchmal hilft es, wenn Sie sich vorstellen, ihm kurzzeitig eine Art „Heiligenschein" zu geben – denn er ist in diesem Moment der wichtigste Gesprächspartner für sie und verdient „wie ein Heiliger" Ihre ungeteilte Aufmerksamkeit. Des Weiteren mag es helfen, sich vorzustellen, dass Sie im Anschluss alles wiedergeben müssten, was er Ihnen erzählt hat – und schon werden Sie ihm wesentlich genauer zuhören. Beides sind wunderbare Voraussetzungen, um ein gutes Gespräch zu haben.

4.2 Der Ablauf

Wenn Sie im Small Talk kein Naturtalent oder noch ungeübt sind, ist es sinnvoll, einen Small Talk nicht gänzlich Ihrer Spontanität zu überlassen, sondern sich darauf vorzubereiten, indem Sie sich beispielsweise Gedanken

---

[1] Unabhängig davon, ob er im Netzwerk für Sie eher als Mentor oder als Mentee infrage käme.

über mögliche Themen (siehe Abschn. 4.3), ebenso wie über Beginn, Einstieg und Ende machen. Wenn Sie wissen, worauf es ankommt, wird es Ihnen deutlich leichter fallen, hier angemessen „mitzuspielen". Machen Sie sich daher nachfolgend erläuterte Verhaltensweisen zu eigen und Sie werden den Verlauf eines Small Talks souverän überstehen.

Der Beginn
Zu Anfang ist es wichtig, auf sicherem Terrain zu bleiben und damit die Gelegenheit zu haben, das Gegenüber kennen und einschätzen zu lernen. Dabei sollten Sie Folgendes beachten:

Selbstverständlich und natürlich sein. Denken Sie nicht zu kompliziert. Sie müssen nicht besonders originell sein und auch keine geistigen Höhenflüge veranstalten. Fangen Sie so selbstverständlich wie möglich an, leiten Sie den Gesprächseinstieg einfach aus der Situation und aus dem Kontext ab. Allerdings – versuchen Sie nicht, sich durch das Einbringen von Klatsch oder ähnlichen Informationen besonders interessant zu machen, denn man wird dann eher wahrnehmen, dass Sie nicht vertrauenswürdig sind als dass man Ihre Nähe sucht. Sie können aber durchaus Informationen über sich selbst einbringen („Ich bin im Rheinland aufgewachsen und mich haben erst jetzt private/berufliche Gründe nach Westfalen umziehen lassen – was hat Sie nach Münster gebracht, wo kommen Sie ursprünglich her?").

Gemeinsamkeiten ansprechen/Trennendes umgehen. Für den Einstieg bieten sich v. a. Gemeinsamkeiten mit dem Gesprächspartner an – gut geeignet ist alles, was sich auf die aktuelle Veranstaltung bezieht, wie das Ambiente allgemein, die Musik, das Essen, der Gastgeber etc. Natürlich sollten Sie nur „sichere" Themen ansprechen (siehe Abschn. 4.3, Gesprächsthemen).

Sich mit Wertungen zurückhalten. Da Sie Ihr Gegenüber noch nicht einschätzen können, sollten Sie sich mit negativ wertenden oder provokativen Aussagen zurückhalten. Auch vermeintlich besonders geistreiche oder witzige Aussagen sind hier nicht angebracht.

Konkret statt allgemein. Konkrete Aussagen wie „Sie kommen doch über die A81, nicht wahr? Ich habe im Radio gehört, dass dort Stau war – waren Sie auch davon betroffen?" zeigen dem Gegenüber im Gegensatz zu Allgemeinsätzen wie „Wie war Ihre Anreise?", dass Sie sich wirklich für ihn interessieren. Des Weiteren kommt so leichter ein Gespräch in Gang, da das Gegenüber nicht einfach nur mit „Gut" antworten kann.

Der Verlauf
Wer (gut) fragt, der führt! Indem Sie mit den richtigen Fragen vom Allgemeinen zum Konkreten hinführen, halten Sie das Gespräch am Laufen und sorgen dafür, dass es – trotz der eingeschränkten Themen – interessant bleibt (vgl. Abschn. 2.3.2, Türöffner „Fragen stellen"). Folgende vier Regeln sind darüber hinaus für den Small Talk wichtig:

Geben statt nehmen. Vermeiden Sie es, den Anderen auszufragen. Erzählen Sie lieber (kurze, spannende) eigene Anekdoten, die dem Gegenüber die Gelegenheit zum Einhaken geben. Lassen Sie dann – ggf. mit einer Frage, die Sie an ihn richten – den Anderen reden.

Den anderen gut dastehen lassen. Geben Sie Ihrem Gegenüber die Möglichkeit zu glänzen. „Der Mensch kann sich gegen einen Angriff wehren, nicht aber gegen ein Lob", wusste schon Sigmund Freud. Typische Beispiele sind „Ich habe Ihr neustes Buch gelesen – es war eine Freude, denn … Haben Sie bereits ein weiteres geplant?" oder „Wie ich gehört habe, sind Sie ein begnadeter Skifahrer. Hätten Sie einen Tipp für uns, wo man um diese Jahreszeit noch …?"

Mitdenken und einhaken. Behalten Sie das Wörtchen „apropos" im Hinterkopf und merken Sie sich im Verlauf des Gesprächs Stichwörter, auf die Sie mit diesem Wörtchen einhaken können. Günstig ist dies v. a., wenn Sie das Thema wechseln wollen oder müssen.

Alle einbeziehen. Denken Sie daran, alle an Ihrem Gespräch teilnehmenden einzubeziehen, indem Sie zwischen den Beteiligten Verbindungen schaffen, wie beispielsweise „Kommen Sie nicht auch aus einer Gegend, die typisch für diesen Wein ist?" oder „Wie erleben Sie das in Ihrer Sparte?" Erinnern Sie sich: Ähnlichkeiten erzeugen Sympathie (vgl. Abschn. 3.2.2).

Das Ende
Wenn Sie einen Small Talk beenden wollen, stehen Ihnen auch hier unterschiedliche Möglichkeiten zur Verfügung:

- Hart aber herzlich: „Es hat mich gefreut, Sie kennenzulernen, ich möchte Sie aber nicht länger aufhalten, Sie wollen sicher noch mit anderen Gästen sprechen. Vielleicht können wir unsere Unterhaltung ja später fortsetzen?"

- Menschliches Rühren vorgeben: „Würden Sie mich kurz entschuldigen?"
- Sich andernorts als erwünscht erklären: „Ich muss hier noch jemanden begrüßen – wir sehen uns ja ohnehin nachher."
- Andere Person(en) als „Fluchthelfer" nutzen, was die eleganteste Lösung ist. So können Sie beispielsweise einen „Neuzugang" einbinden: „Wissen Sie eigentlich, dass Sie hier einen begnadeten xy-Experten/absoluten xy-Fan vor sich haben? Ich lasse Sie jetzt mal allein."
- Den Gesprächspartner weiterreichen („Kommen Sie, ich stelle Sie xy vor!") und sich dann verabschieden.

Es gibt ein paar Fragen oder Themen, die typischerweise nahezu immer aufkommen und genau für diese können Sie sich – wie Sie nachfolgend sehen – hervorragend wappnen.

4.3 Die Gesprächsthemen

Small Talk soll die Beteiligten locker und entspannt unterhalten – entsprechend verbietet es sich, sensible oder konfliktträchtige Themen anzusprechen. Halten Sie sich an neutrale Themen (damit treten Sie niemandem zu nahe) und wechseln Sie das Thema ruhig öfter einmal – Small Talk soll schließlich kurzweilig sein! Dazu ist es ganz allgemein von großem Vorteil, wenn Sie „informiert" sind (über aktuelle Ereignisse und Bildung allgemein). Achten Sie darauf, Ihrerseits keine „unsicheren" Themen anzusprechen und leiten Sie elegant zu einem anderen Thema über („Apropos ..."), wenn Ihr Gegenüber Ihnen ein solches Thema anbieten will.

Geeignete Gesprächsthemen (kommen aus dem Alltagsleben):

- Umgebung (Stadt, Land, Region, Landschaft, aber auch Musik, Gastgeber etc.), beispielsweise was Sie hier und jetzt sehen bzw. gerade erlebt haben und deshalb auch häufig mit dem Gegenüber gemeinsam haben.
- Aktuelle Ereignisse („Haben Sie schon gehört, dass (hier) …")
- Geburtsort (Der Akzent/Tonfall Ihres Gegenübers kann dazu ein Anknüpfungspunkt sein; nicht aber der Dialekt, denn manch einer versucht, den zu verbergen und fühlt sich durch die Anspielung dann herabgesetzt)
- Essen und Trinken (Restauranttipps, Wein, Zigarren, …)
- Sport und Hobbies, Reisen und Urlaub, Trends und Sammelleidenschaften
- Medien, Kunst und Kultur im weitesten Sinne, Lektüre und Literatur, möglichst mit aktuellem Bezug („Erst gestern habe ich gelesen …")
- Autos bzw. anderes „technisches Spielzeug"
- Beruf und Ausbildung: v. a. im beruflichen Umfeld angebracht; achten Sie jedoch darauf, dass Sie selbst bzw. Ihr Gegenüber nicht ins Arbeiten – z. B. im Sinne einer kostenlosen Beratung – abdriften!
- Für Fortgeschrittene: Geschmack, Sehnsüchte, Geheimtipps (beispielsweise Warnungen vor Radarfallen u. ä.), Geständnisse (amüsante Peinlichkeiten, Allzumenschliches)
- Es darf auch mit einem Kompliment gestartet werden: „Ich fand Ihren Vortrag vorhin rundum gelungen …", „Wow, coole Schuhe!", „Tragen Sie immer so interessante Krawatten?", falls derjenige besonders ungewöhnliche oder originelle trägt und schon sind Sie

in einem Gespräch. Bei einem Kompliment sind Tonfall und Echtheit eher entscheidend, damit es nicht als Ironie ankommt.

Ungeeignete Gesprächsthemen:

- Anregung zur Meinungsäußerung:
  politische Überzeugungen, Glaubens-/Religionsfragen, Moral und negative Wertungen über Personen oder Sachverhalte, Belehrungen, Bekehrungsversuche
- Persönlich-intime Sachverhalte:
  Geld oder persönlicher Besitz („mein Haus, mein Auto, …"), Krankheiten („mein Kreuz, mein Blutdruck, …"), Familienverhältnisse, sexuelle Orientierungen, biographische Datenabfrage, seelische Probleme
- Widerwillen erregende Sachverhalte:
  Ekel erregende Geschichten, Unfallberichte, Anstößiges, Demonstrationen des eigenen Wissensvorsprungs („Das wussten Sie nicht?"), Fachsimpeln, Angeben, Klatsch

Mit diesen Themen bzw. dem Verzicht auf entsprechend ungeeignete Themen sind Sie schon mal gut gerüstet für den Small Talk – allerdings nicht davor gefeit, dass auch Schwierigkeiten auftreten können; sei es Ihrerseits oder seitens der anderen Beteiligten.

> **Typische Fragen, die einem im Rahmen eines Small Talks gestellt werden und auf die Sie daher vorbereitet sein sollten – zu Ihrer Person privat**
>
> - In welcher Verbindung stehen Sie zum Gastgeber/Event?
> - Waren Sie schon einmal hier/kennen Sie dieses Lokal?
> - Können Sie xy empfehlen? (das Getränk/Gericht, das Sie gerade zu sich nehmen beispielsweise)
> - Woher kommen Sie? (Stadt, Land, Stadtteil)

- Ich habe gehört, Sie sind auch ein Zugereister in unserem schönen Bundesland – was hat Sie denn zu uns verschlagen?
- Haben Sie auch Kinder/Tiere/einen Garten?
- Haben Sie schon Urlaubspläne für dieses Jahr?
- Wie haben Sie die Corona-Zeit für sich empfunden? Was haben Sie an Einschränkungen erlebt?
- Wie sind Sie angereist?
- Was machen Sie in Ihrer Freizeit/als Hobby?
- Was halten Sie von … (aktuelle Themen aus Politik, Kunst, Wirtschaft und Literatur)?

4.4 Mit Schwierigkeiten umgehen

Sollten Sie elegant die Kurve kriegen wollen, um ein Thema abzubiegen, zu umgehen oder das Gespräch in eine andere Richtung zu lenken, so könnten Sie beispielsweise sagen: „Darüber sollten wir gerne bei einem nächsten Mittagessen sprechen, momentan brennt mir noch ein ganz anderes Thema unter den Nägeln…" oder „Darf ich Sie was ganz anderes fragen?"

Sollte **Ihnen** während des Small Talks ein Fauxpas passieren, können Sie …

- die eigene Aussage relativieren („Es gibt natürlich Ausnahmen").
- sich entschuldigen („Das tut mir leid, da habe ich offensichtlich ein Vorurteil").
- die eigene Aussage als Versprecher darstellen („Habe ich xy gesagt? Ich meinte natürlich yz").
- Ablenken („Was ist denn das da vorne für eine Statue?").

- mit einer Ausrede die Flucht nach vorne antreten (Voraussetzung: Sie müssen schlagfertig sein, da Ausreden nur ankommen, wenn Sie witzig sind; „Ich habe wirklich ein loses Mundwerk – hat jemand eine Idee, wie ich das in den Griff kriegen kann?" oder „Ich bin wirklich ein Elefant im Porzellanladen – weiß jemand, wie ich das ohne Ballettunterricht in den Griff bekommen kann?").

Wenn **Ihr Gegenüber** sich nicht an die üblichen Small-Talk-Gepflogenheiten hält, können Sie …

- das Thema mit einer am Rande aufgekommenen Frage wechseln, indem Sie mittels einer Frage etwas aufgreifen, was bisher nur am Rande besprochen wurde.
- versuchen, auch in Unterschieden noch Gemeinsamkeiten zu finden („Sehen Sie, da sind wir uns gar nicht so unähnlich, beide suchen wir im Urlaub den Ausgleich zum Job – Sie durch sportliche Aktivitäten, ich durch kulturelle Eindrücke").
- Verständnis äußern, Gefühle ansprechen („Das ist wirklich eine unangenehme Erfahrung, Sie haben guten Grund, darüber erbost zu sein").
- das Gespräch unter einem Vorwand beenden.

Mit einem gelungenen Small Talk kommen Sie wunderbar durch eine Socializing-Veranstaltung, ermöglichen Ihren Gästen ein angenehmes Ankommen oder eröffnen den Start eines Gesprächs. In aller Regel kommt danach dann spätestens der Punkt, an dem Sie gefragt sind, etwas zu Ihrem Business zu erläutern. Im nachfolgenden Kapitel erfahren Sie, wie Ihnen dies optimal gelingen kann.

4.5 Take-Home-Message

Sinn und Zweck eines Small Talks ist es, Distanz zu überwinden und eine positive Beziehung aufzubauen, indem man sich angenehm und locker unterhält. Man versucht, sich näherzukommen, ohne sich dabei zu nahezukommen. Wie bei allem hängt die Erreichung dieser Ziele und damit die Qualität eines Small Talks von der Beachtung einiger Regeln ab: Dass das Gespräch kurz bleibt, es um Leichtes und nichts Schweres geht (keine brenzligen Themen, sondern angemessene, bei denen jeder ungezwungen mitreden kann), man die richtige innere Haltung einnimmt und sich auch nonverbal offen gibt. Selbst wenn Schwierigkeiten auftreten, ist dies kein Grund zur Sorge, denn diese bieten Ihnen zugleich die Möglichkeit, Ihre Souveränität unter Beweis zu stellen. Ein guter Small Talk ist als Mittel zur Kontaktaufnahme und als Brücke zwischen Menschen ein nicht zu unterschätzender Erfolgsfaktor, den Sie daher entsprechend ernst nehmen und gezielt einsetzen sollten.

5

Die eigene Position und das eigene Metier erläutern

> **Life Piece**
>
> Nun ist der Moment da, dass Sie Ihr Metier erläutern wollen oder vielleicht eher sollen. Was daran ist nur so schwer, etwas zum eigenen Business zu sagen? Man sollte meinen, dass es das sei, was Sie am besten können müssten, denn es ist ja Ihr täglich Brot, Ihr Kerngeschäft.
>
> Genau das ist das Problem. Sie hätten so vieles zu erzählen, doch auf was davon sollen Sie sich nur beschränken? Sie sehen den Wald vor lauter Bäumen nicht mehr? Je mehr wir über etwas wissen, umso schwieriger ist es, sich auf Weniges zu beschränken. Schnell hat man selbst das Gefühl, dass es fast schon falsch wird, wenn man es vereinfacht, etwas nur ausschnittweise wiedergibt und nicht alles umfassend darstellt. Oder man gibt eine zu einsilbige Antwort („Ich bin Banker"), dann kommt kein Wort mehr – auch keine angenehme Gesprächssituation. Denn nun kann ihr Gegenüber nur noch „Ah, ok" sagen und vielsagend nicken. Sie fühlen sich daraufhin abgestempelt? Nun ja, Sie haben ja auch nichts dafür getan, dass es anders kommt.

Somit ergeben sich in diesen Situationen immer wieder zwei Extreme: dass jemand nicht mehr aufhört zu reden, die Zuhörer fachlich nicht mitkommen und genervt weghören oder aber jemand wortkarg vor sich hinstammelt, sodass man den Eindruck gewinnt, er will eigentlich gar nichts von sich und seinem Metier preisgeben. Das Problematische ist, dass in all diesen Fällen dann leider nicht nur der Betreffende, sondern auch der Kontakt mit ihm in den Augen des Betrachters verloren hat. Und das sollte Ihnen keinesfalls passieren.

Zugegebenermaßen, das ist nicht ganz so einfach. Doch die gute Nachricht ist: Es werden mehr oder minder immer dieselben typischen Fragen gestellt (vgl. Kasten). Damit ist so gut wie sicher, dass Sie Vorbereitetes anbringen können, in welcher Variante auch immer. Natürlich dürfen und sollen Sie auch spontan sein, doch empfiehlt es sich, zumindest *einmal* Antworten auf die typischsten Fragen so durchdacht und pointiert ausformuliert zu haben, dass sie Punktlandungen sind. Auf dieser Basis agieren Sie dann auch in spontanen Antwortsituationen sicherer.

Bei allem, was Sie hier tun, führen Sie sich bitte vor Augen, was das **Ziel Ihrer (beruflichen) Vorstellung** ist: Es geht nicht nur um das Geben von Sachinformation ("Ich mache abc"), sondern auch um die mit Ihren Ausführungen verbundene psychologische Aussage, die da lauten sollte: Ich bin ein guter Kooperationspartner, ein Experte auf dem Gebiet xy, ein spannender Sparringpartner, … Was auch immer Ihr Metier ist, bringen Sie in diesem Sinne daher eines in jedem Fall rüber: „Ich habe etwas zu sagen und bin daher für Sie spannend." Vielleicht möchten Sie auch mit der Art und Weise Ihrer Ausführungen etwas zusätzlich kommunizieren, beispielsweise „Ich bringe die Dinge auf den Punkt, ich bin trotz meiner Expertise verständlich für jedermann, ich kann humorvoll agieren, ich liebe meinen Job und tue ihn mit Begeisterung" – dann bereiten Sie Ihre Ausführungen so auf, dass dies sichtbar wird. Was ist Ihre Einzigartigkeit, Ihr Highlight? Bringen Sie es auf den Punkt und bleiben Sie anderen mit diesen Aspekten in Erinnerung. Nachfolgend finden Sie einige Hinweise dazu, wie Ihnen dies gelingen kann.

> **Typische Fragen, die im Rahmen eines Socializing zu Ihrem Job gestellt werden und auf die Sie daher vorbereitet sein sollten**
>
> Zu Ihrer Person:
>
> - Was machen Sie so beruflich?
> - Wo haben Sie Ihre Ausbildung gemacht/studiert?
> - Was hat Sie bewogen, in diese Richtung zu gehen?
> - Wo haben Sie bisher gearbeitet/wo waren Sie bislang tätig?
> - Wer sind Ihre Kunden?
> - Kennen Sie abc? Haben Sie mit dem/denen auch zu tun?
> - Wie muss ich mir Ihre Tätigkeit/Ihren Arbeitsalltag vorstellen?
> - Was sind derzeit Ihre größten Herausforderungen?
>
> Zu Ihrem Arbeitgeber:
>
> - Wie ist denn die Auftragslage? Haben Sie gut zu tun?
> - Wie geht's denn der Firma so finanziell?
> - Können Sie (Ihren Arbeitgeber) als Arbeitgeber empfehlen?
> - Wie verfährt Ihr Unternehmen mit … (Arbeitszeiterfassung, Betriebsrat, Diskriminierung, sozialen Medien)?
> - Wie beurteilen Sie die Konkurrenzsituation/-produkte Ihres Unternehmens?

> Zu Ihrem Produkt/Leistungsangebot:
>
> - Was genau bieten Sie an?
> - Was bearbeiten Sie im Einzelnen?
> - Was unterscheidet Sie von vergleichbaren Anbietern? Was macht Sie einzigartig, was ist Ihr Highlight?

5.1 Der Inhalt: Was ist zu sagen?

Frage Nummer 1 ist: Was von all dem, das Sie zu berichten hätten, ist eigentlich für den Zuhörer spannend, was hingegen uninteressant? Frage Nummer 2: Was möchten Sie, dass der Zuhörer über Sie, Ihr Metier, Ihr Produkt erfährt, was soll er mitnehmen? Gibt es einen Aspekt, den Sie umschiffen und keinesfalls thematisieren möchten?

Der häufigste Fehler wird sein, dass Sie **zu viel sagen,** d. h. zu lange am Stück reden. Beschränken Sie sich auf die wesentlichen Inhalte und bringen Sie diese nett und wertschätzend rüber. Sie brauchen nicht erschöpfend und vollumfassend zu antworten, bieten Sie mit Ihrer Antwort dem anderen vielmehr die Möglichkeit, weiter einzuhaken, eine Folgefrage zu stellen, so kommt ein Gespräch viel besser in Gang und noch dazu können sich dann auch mehrere Personen beteiligen (vgl. Abschn. 4.2, Small Talk). Bedenken Sie auch: Sobald Sie zu lange am Stück sprechen, können Sie nicht mehr sicher sein, dass Sie noch interessant und punktgenau antworten. Wer fragt, der führt; nicht aber der, der einen Monolog hält!

Der zweithäufigste Fehler besteht darin, **zu viel technische Information** rüberzubringen. Je komplizierter der Vorgang Ihres Tuns ist (beispielsweise weil Sie das „3-L-ppt" entwickeln, von dem kaum einer weiß, was es ist), desto größer ist die Gefahr, mit zu viel technisch-sachlicher Information zu antworten. Auch wenn Sie nach etwas Sachlichem gefragt wurden – versetzen Sie sich in die Lage dessen, der gefragt hat: Was ist sein Kenntnisstand, sein Erfahrungshorizont und vor allem: was will er mit Ihrer Antwort? In der Regel erwartet er nicht eine vollumfängliche Auskunft auf Fachchinesisch, sondern eine Ahnung dessen, was Sie tun, will wissen, wie er Sie wo zu verankern/einzuordnen hat, was Ihr persönlicher Part ist, für welche Stichworte Sie (in seinem Kopf) stehen. Und Sie sehen, der Anteil an Sachinformation, den Sie benötigen, um all dies zu bedienen, ist gar nicht so groß. Natürlich geben Sie somit Sachinformationen, aber eben kurz und bündig und Sie binden diese in einen interessanten Gesamtkontext ein, fügen gerne auch eine Anekdote hinzu, denn wir befinden uns hier im Socializing und nicht in einer Konferenz oder auf einem Kongress, wo von Ihnen eine detailgetreue und fachkundige Antwort in aller Tiefe erwartet wird.

Der dritthäufigste Fehler wird begangen, indem **zu abstrakt** geantwortet wird, der Zuhörer das Gesagte dadurch nicht greifen und damit letztendlich auch nicht begreifen kann, was Sie ihm sagen wollen. Dabei wäre das Wichtigste, dass es Ihnen gelingt, Ihren Job bzw. Ihr Produkt dem Interessenten (sei es ein Käufer oder ein Pressemensch) so nahezubringen, dass er sie greifen kann, denn nur dann mag er anderen davon begeistert erzählen und vielleicht sogar mit Ihnen wieder Kontakt aufnehmen – und genau diese Mundpropaganda, positiven Resonanzen und Kontakte brauchen Sie.

5.2 Die Art und Weise: Wie ist es zu sagen?

Wie nachfolgend beschrieben wird, sind Ihr nonverbales und paraverbales Verhalten sowie im verbalen Bereich Ihre Formulierungen und Didaktik relevant.

Nonverbales und paraverbales Verhalten
In Kap. 2 wurde erläutert, dass Ihr nonverbales und paraverbales Verhalten enorm dazu beitragen, wie Sie wirken. In dem Moment, in dem Sie beginnen, über Ihr Metier zu sprechen, sollte man erkennen, dass Sie mit Leidenschaft in Ihrem Job sind, dass Sie für das, was Sie tun, „brennen", dass Sie zu dem stehen, was Sie tun und überzeugt sind, dass es einen Sinn hat (vgl. auch Abschn. 3.1, Charisma). Dies erreichen Sie, indem Sie …

- einen **sicheren Körperstand** einnehmen (auf beiden Beinen stehen, gerade aufgerichtet), so wirken Sie souverän, können besser atmen und leichter laut sprechen.
- eine **offene Körperhaltung** gegenüber den Zuhörern haben (keine verschränkten Arme, sondern eine offene Gestik, den Blick an Ihre Zuhörer gerichtet), das wirkt freundlicher und bereitwilliger.
- Ihre Worte angemessen **mit Gestik** unterstreichen, denn dies drückt Ihr Engagement aus und hilft auch, den Inhalt zu verstehen (denken Sie dabei aber an Spannung in Ihren Händen, wie gestreckte Finger und eine offene Handfläche).
- ein **lebendiges Minenspiel** haben, dies zeigt Ihre Begeisterung.
- **paraverbal spielen,** beispielsweise Spannungspausen machen („Es ist das Minimalistische – PAUSE – das

wir in unserem Design zeigen wollen, das Einfache – PAUSE – das Erinnerbarkeit erzeugt"), die Modulation (laut – leise) variieren, sodass das, was Sie sagen, bereits unabhängig vom Inhalt spannend klingt.

All dies wird Aufmerksamkeit auf sich ziehen, sodass bereits Ihr Auftreten Sympathien erzeugt und man Ihnen gerne und mit Wohlwollen lauschen wird.

Verbales Verhalten
Nachfolgend erfahren Sie nun, wie Sie zusätzlich noch das, was Sie inhaltlich sagen möchten, so aufbereiten können, dass auch dies seine Wirkung nicht verfehlt. Im Fachjargon wird das, was Sie hier nun inhaltlich bringen sollen, auch als Elevator Pitch[1] bezeichnet: Liefern Sie in etwa 30–60 s Ihr Ding auf den Punkt, so spannend, dass der andere sich danach weiter damit beschäftigen will und Sie bzw. Ihr Thema positiv in Erinnerung behält. Wie Ihnen dies gelingt? Zum einen durch eine gute inhaltliche Vorbereitung (üblicherweise anhand der Fragen „Wer bin ich? Was tue ich? Was haben andere davon? Wozu möchte ich mein Gegenüber veranlassen?") sowie einer guten Umsetzung. Einen souveränen verbalen Eindruck erreichen Sie, indem Sie so sprechen, dass man Ihnen gut folgen kann (Didaktik) und Sie Formulierungen verwenden, die einladend wirken (und natürlich einen knackig pointierten Inhalt bringen).

Didaktik. Bedenken Sie, dass man beim Socializing mit vielen Menschen spricht und damit auch die Aufnahmespanne begrenzt ist. Ihre Didaktik sollte daher so sein, dass

---

[1] Der Begriff Elevator Pitch leitet sich aus dem Szenario ab, eine wichtige Person in einem Aufzug zu treffen und diese dann während der Dauer einer Aufzugsfahrt von einer Idee zu überzeugen.

Sie auch in dieser reizüberfluteten Situation verständlich, eingängig und dennoch erinnerbar sind. Berücksichtigen Sie im speziellen daher folgende Aspekte:

- Machen Sie **kurze Sätze,** keine Verschachtelungen. Je klarer Ihr Satzbau, desto leichter sind das Zuhören und Verstehen. Beispielsweise „Ich bin im Vertrieb von xy tätig, zuständig für den Bereich abc. Ursprünglich habe ich xxx gelernt und mich dann auf zzz spezialisiert. Seit 2021 verantworte ich nun den Part xyz und das mit großer Begeisterung."
- Sobald Sie mehr als nur ein, zwei Sätze sagen, verwenden Sie **Strukturhilfen,** denn dann kann Ihr Gegenüber Ihnen leichter folgen. Beispielsweise „Drei Aspekte möchte ich dazu nennen: Erstens …", „Sie können sich hierzu zwei Bereiche vorstellen, nämlich einerseits … und andererseits …".
- „Ein Bild sagt mehr als 1.000 Worte" heißt es. Damit ist gemeint: Wann immer es passt, verwenden Sie gerne eine bildliche Umschreibung, denn **Bilder oder Metaphern** prägen sich gut ein, wirken lebendig und nachhaltig. Beispielsweise „Ich bin Holzbildhauer, d. h. der, der mit der Kettensäge im Staub rumwirbelt" oder „Ich bin Softwareentwickler, also der, den Sie nicht bemerken, wenn alles funktioniert und der, den Sie verfluchen, wenn Kleinigkeiten nicht funktionieren" oder „Ich bin Wirtschafts-Psychologin, also diejenige, die Sie brauchen, wenn in der Zusammenarbeit nicht alles rund läuft, die Stimmung schlecht ist oder Sie Unsicherheiten in der Personalführung bemerken; und damit diejenige, die Ihnen den Rücken stärkt und Sie bzw. Ihr Team erfolgreich wirken lässt."
- **Docken Sie an Ihr Gegenüber an** (vgl. Abschn. 2.3.2 und 6.2), so sind Sie zum einen nah beim anderen und stellen damit eine Brücke zwischen Ihrem Metier

und dem des anderen her und zum zweiten sind Sie verständlicher, wenn Sie sich der Ebene des anderen anpassen. Beispielsweise könnte der Kardiologe zur Psychologin sagen: „Ich beschäftige mich im weitesten Sinne ebenfalls mit Herzensangelegenheiten, allerdings von der medizinischen, nicht der psychologischen Seite – denn ich bin Kardiologe" und hätte sehr charmant an ihr Berufsbild angeknüpft.

Formulierungen. Mit wem will man sich unterhalten? Dem, der Spannendes erzählt, dessen Ausführungen angenehm sind. Doch nur ein Teil dieser Wirkung ist auf den Inhalt zurückzuführen, ein weitaus bedeutenderer Teil geht auf die Art und Weise des Erzählens zurück – auf oben genannte nonverbale und paraverbale Wirkung sowie auf Ihre Formulierungen. Die verwendete Wortwahl birgt bereits eine Aussage in sich und wirkt auf Ihr Gegenüber.

- Achten Sie im speziellen darauf, **Negationen zu vermeiden,** da sie schwieriger zu verstehen sind und durch das „Negative" der Negation auch negativ konnotiert sind, beispielsweise nach Verbot klingen („ich mache nicht das und das", „dies ist nicht zu verwechseln mit …", „dies hat nichts damit zu tun, dass …"), sondern bringen Sie es auf den Punkt im positiven Sinne: „es geht da und darum", „es ist exakt das, …". Dies klingt positiv, ist klar verständlich und einladend, Ihnen zuzuhören, denn wenn man Ihnen zuhört, wird man mit Angenehmem konfrontiert.
- Es gibt typischerweise **langweilig versus spannend** wirkende Formulierungen. Wann immer Sie nur nüchtern sachlich und jedes wertende Adjektiv vermeidend sprechen, so wirken Sie hölzern und unbeteiligt (beispielsweise „Ich bin in der Automobilbranche tätig, befasse mich mit dem abc" oder „Mein Fachgebiet ist

das Steuerrecht und das seit 10 Jahren"). Bringen Sie *emotionale oder positiv wertende Worte* hinein, so wirken Sie beteiligter und lebendiger (beispielsweise „Ich bin Steuerfachanwalt – das heißt, ich optimiere Ihre Finanzen und ggf. auch Ihre Steueroasen und das mit Herzblut, denn mir macht es immer wieder auf's Neue Freude, ..." oder „Ich bin als Fahrzeugentwickler in der Automobilbranche und widme mich mit ganzer Leidenschaft der Entwicklung von technischen Details, die unseren Autos das gewisse Etwas verleihen, beispielsweise abc").

Ebenso Sie können auch mit *Humor* agieren, durch einen witzigen oder überraschenden Satz (beispielsweise „Warum ich Entwicklungspsychologe geworden bin? Ich habe 12 Geschwister!" oder „Warum ich Bauphysiker geworden bin? Ich bin in einem Haus aus dem Jahre 1810 aufgewachsen!"), zu dem Sie dann auf Nachfrage (aber erst/nur dann!) die dazugehörige Anekdote bzw. Geschichte erzählen.

Spezialfall „besondere" Metiers. Nehmen wir einmal den Fall, dass Sie einen Job innehaben, der nicht ganz einfach zu erklären ist, weil sich nicht jeder etwas darunter vorstellen kann. Bei Berufen wie Arzt oder Anwalt oder Banker weiß gleich jeder, wie er dies einzuordnen hat, doch wenn Sie Influencer, Data Scientist, Theoretischer Physiker, Forensischer Gutachter oder Industriekletterer sind, wird dies schon deutlich schwerer vorstellbar. Und so manch einer scheut dann, sich und sein Metier den anderen vorzustellen, weil daraufhin immer endlose Nachfragen losgehen oder aber betretenes Schweigen herrscht. Stellt man sich beispielsweise als „Wirtschaftspsychologin" vor, kommen meist erst einmal die üblichen recht einfallslosen Witze „Ach, welche Gastronomie (Wirtschaft) betreuen Sie denn?" oder „Haben nicht alle Psychologen auch einen an der Klatsche oder gibt es einen anderen Grund, dies zu studieren?" oder „Jetzt müssen wir alle aufpassen, was wir sagen, wir werden sonst durchleuchtet". Vergleichbares würde Ihnen bei „gängigeren" Berufen nicht so schnell passieren. Doch ist all dies kein Grund, sich nicht einzubringen oder „unters Volk zu mischen". Sie müssen nur etwas besser vorbereitet sein als jene Personen mit gängigeren Berufsbezeichnungen. Sobald Sie Ihren Beruf gut erklären können, das eine oder andere vorstellbare Bild oder Beispiel liefern, werden Sie im positiven Sinne erinnerbar sein – und das ist die halbe Miete des Socializens.

Ebenso kann es auch vorkommen, dass Sie ein Metier vertreten, dass vorübergehend (beispielsweise aufgrund eines Skandals) in einem unguten Licht erscheint oder einfach grundsätzlich ein schlechtes oder zweifelhaftes Image hat (Leiter eines Tierversuchlabors, Sexualtherapeutin, Pelzveredler u. ä.). Doch sollte Sie das ebenfalls nicht dazu veranlassen, sich nicht vorzustellen oder „in Deckung zu gehen". Sehen Sie es doch einfach anders: Sie haben hier die einmalige Chance, allen im Gedächtnis zu bleiben, wenn Sie nur den Mut haben, offen damit umzugehen; beispielsweise sagen Sie, „Ich gehöre der Branche an, die derzeit Schlagzeilen macht – ich bin in der (Abgas-)Forschungsabteilung von VW" oder „Ich bin Inhaber eines Versuchlabors, wir stellen die Sicherheit Ihrer Medikamente und Impfstoffe sicher".

Es braucht etwas Mut, sich auf diese Weise kundzutun – Sie machen sich sichtbar, doch „unsichtbar" würden Sie sich weder vernetzen noch erfolgreich socializen können. Also, entscheiden Sie sich für den Erfolg und trauen Sie sich, mit ein paar (gut vorbereiteten) Sätzen Ihre Sichtweise Ihres Metiers zu vertreten; nicht als Kampfansage, aber als spannende eigene Sicht. Wenn dies dann aufgegriffen und ggf. auch kontrovers diskutiert wird, braucht Sie dies nicht zu beunruhigen, zeigt es doch bloß, dass man „angebissen" hat und Ihre Themen aufgreift. Niemand muss Ihrer Meinung sein und Ihnen beipflichten, doch schauen Sie, dass Sie Ihrerseits nun gut auf seine Reaktionen eingehen und Verbindungen zwischen beiden Sichtweisen schaffen: beispielsweise mit den Worten „Wie schön, dass Sie an dieser Stelle diese Sicht ergänzen, denn in der Tat wird unser Beruf häufig so gesehen. Ich glaube, dass man es auch differenzierter betrachten darf, denn meines Erachtens sind …. ebenso relevante Aspekte des Ganzen." (vgl. Abschn. 3.2.2, Ähnlichkeiten erzeugen sowie Abschn. 4.2, Gemeinsamkeiten finden im Small-Talk-Ablauf).

5.3 Den anderen nach seinem Metier befragen

Sollten Sie Ihrerseits nun Ihr Gegenüber fragen wollen, was sein Metier sei, so tun Sie das ebenso galant und angemessen – und nicht, wie man es so häufig erlebt, platt und indiskret (nach dem Motto „Wer sind Sie? Was können Sie? Warum sind Sie hier?"). Als Grundregel können Sie so vorgehen:

- **Fragen Sie den anderen nach seinem beruflichen Bereich** (sofern Sie diesen nicht kennen).
  „In welcher beruflichen Sparte darf ich Sie verordnen?", „Darf ich fragen, welcher Profession Sie angehören?", „Welchen beruflichen Hintergrund bringen Sie mit?", „In welchem Bereich sind Sie tätig?"
- **Knüpfen Sie an seine Antwort an.**
  „Interessant, wo haben Sie dies studiert/Ihre Ausbildung gemacht?", „Sind Sie auf ein besonderes Fachgebiet spezialisiert?", „Das ist ein Beruf, den man nicht

5 Die eigene Position und das eigene …

allzu oft antrifft, was hat Sie da hineingezogen?"[2] Ein bis zwei Nachfragen sind hier empfehlenswert, denn sie sind wertschätzend, zeigen, dass Ihre Frage keine reine Floskel war und bringen nicht zuletzt den anderen erst einmal zu einer weiteren Antwort, die Ihnen vielleicht weitere Grundlagen für ein Gespräch bietet.

- **Stellen Sie eine Verbindung her,** entweder zu Ihnen, Ihrer Erfahrung, dem Zeitgeschehen oder auch zu anderen Anwesenden.

Erweisen Sie sich nun als guter Gesprächspartner, indem Sie eine Anknüpfungsfrage stellen, wie beispielsweise „Oh ja, das ist mir gut bekannt, ich hatte Ihr Fach als Nebenfach belegt" oder „Oh, das wird meine Partnerin sehr interessieren, die ist ebenfalls in Ihrem Gebiet tätig" oder „Dann muss ich Sie nachher unbedingt mit ABC bekannt machen, denn der sucht genau jemanden mit ihrem Erfahrungshintergrund/Leistungsportfolio" (und natürlich müssen Sie dieses angekündigte Bekanntmachen auch umsetzen!) oder „Ach, Herr Meier (der ebenfalls gerade an Ihrem Tisch ist), haben Sie nicht ebenfalls dort studiert?/haben Sie nicht lange in der Heimat von Frau Peters (die Sie gerade nach Ihrem beruflichen Hintergrund befragen) gelebt?" oder „Na, da haben Sie mit Ihrem Fachgebiet aber genau jetzt Hochkonjunktur, oder? Schließlich wollen ja aufgrund der wirtschaftlichen Situation derzeit alle abc haben/erfragen/abschaffen, oder?"

---

[2] Tiefere Nachfragen sollten Sie nicht vor mehreren Personen stellen. In einem gut verlaufenden Zweiergespräch könnten Sie dies schon eher, beispielsweise mit Fragen wie „Gab es Wendepunkte in Ihrer beruflichen Laufbahn?", „Was lieben Sie an Ihrem Job?", „Ihnen daran besonders Freude?"

- **Sofern das Thema nach wie vor für alle spannend ist, fragen Sie gerne auch weiter.**
Damit sich der Befragte aber nicht ausgehorcht oder vor allen im Kreuzverhör fühlt, tun Sie dies entsprechend vorsichtig: „Wenn ich da nochmals nachfragen darf, wie gestalten Sie dies genau?" oder „Das klingt für mich sehr spannend, da ich aber nur wenig darüber weiß, würde ich gern zu dem und dem Punkt noch mehr hören. Mögen Sie vielleicht erzählen, ..." oder „Sie haben da einen überaus wichtigen und wertvollen Beruf – angesichts der aktuellen politischen Lage allerdings sicherlich auch keinen einfachen Stand. So würde mich sehr interessieren, wie Sie dies derzeit im Alltag erleben (beispielsweise die Gesellschaft damit umgeht, die Resonanz der Kunden, die Politik dies stützt etc.)".
Sollten Sie den Eindruck haben, dass das Nachfragen in der Gesprächsrunde zu einseitig wird, so stellen Sie einfach einem anderen ähnliche Fragen oder stellen Sie o. g. neue Verknüpfungen her und beziehen so andere(s) mit ein.

Und sollten Sie nun die Situation verlassen wollen, so finden Sie im Abschn. 4.2, Small Talk beenden, entsprechende Hinweise zum Vorgehen.

> **Formulierungsbeispiel zur Selbstvorstellung**
>
> Mein Name ist Lioba Werth, ich bin von Hause aus Psychologin, habe in Trier Psychologie mit dem Schwerpunkt Personal studiert und mich dann nach meinem Diplom auf eine wissenschaftliche Laufbahn konzentriert. Parallel zu meiner universitären Tätigkeit als wissenschaftliche Assistentin und später als Professorin für Organisations- und Wirtschaftspsychologie bin ich als Trainerin und Beraterin tätig. In der Forschung ebenso wie in meiner Beratungstätigkeit schlägt mein Herz insbesondere für die

Themen Personalführung und Selbstmanagement. Ob für die neue Führungskraft oder den gestandenen Manager bzw. Vorstand – die individuelle Begleitung bei alltäglichen kleinen oder auch größeren Führungsherausforderungen ist meine ganze Leidenschaft. Dies sowohl erforschen als auch zugleich an der Unternehmensfront im Arbeitsalltag mit umsetzen zu können, ist für mich etwas unfassbar Schönes und auch immer wieder aufs Neue Spannendes.

Typische Folgefragen zu dieser Selbstvorstellung sind:

- Wo haben Sie Ihre Professur inne?
- Wo (örtlich) und für wen (Kundenkreis bzw. Branchen) sind Sie schwerpunktmäßig tätig?
- Arbeiten Sie alleine oder haben Sie auch ein Mitarbeiterteam bzw. ein Netzwerk, mit dem Sie agieren?
- Was sind konkrete Fragestellungen Ihrer Kunden? Aufträge welcher Art bearbeiten Sie? Haben Sie Schwerpunkte bzw. Spezialthemen, für die Sie stehen?
- Was würden Sie mir als Coachee raten, ich habe nämlich folgenden Fall …
- Gibt es Themen oder Aufträge, die Sie nicht annehmen oder bearbeiten (würden)? Warum? Gibt es Themen, die „nicht coachbar" sind?
- Glauben Sie, dass jeder Mensch einen Coach bräuchte? Meinen Sie nicht, dass man sich nicht auch genauso gut selbst helfen kann? Warum sollte ich Sie oder einen Ihrer Kollegen „buchen"?
- Wie bzw. worin sehen Sie die aktuellen Themen und Herausforderungen für Führungskräfte? Haben sich diese im Laufe der letzten Jahre verändert (beispielsweise gesellschaftlich, politisch, im Zuge der Pandemie)?
- Was sind aktuelle Themen und Trends Ihres Fachgebiets (insbesondere in der internationalen Führungsforschung)?
- Wie muss ich mir psychologische Forschung vorstellen, wie sähen ein Beispiel und exemplarisches Vorgehen aus?
- Was ist Ihr aktuelles Forschungs- oder Buchprojekt? Wie kommen Sie zu einer neuen Forschungs- oder Buchidee?

- Wie kam es dazu, dass Sie sich der Wirtschaftspsychologie angeschlossen haben und nicht einem anderen Teilgebiet der Psychologie?

Formulierungsbeispiel zur Selbstvorstellung
Mein Name ist Christian Lange und ich bin Unternehmer in Gesundheitswesen. Nach einer Ausbildung zum Gesundheits- und Krankenpfleger und anschließenden (Gesundheits-)Managementstudium gründete ich einen ambulanten Pflege- und Betreuungsdienst. Schwerpunktmäßig versorgt mein Unternehmen pflegebedürftige Menschen in ihrem eigenen Zuhause. Parallel zu dieser Tätigkeit bin ich als unabhängiger Sachverständiger zu allen Fragestellungen der Alten- und Krankenpflege für Gerichte, Anwälte und Privatpersonen tätig. Sowohl einerseits an der Front des Pflegealltags die Versorgung von Patienten zu gewährleisten als auch andererseits als unabhängiger und neutraler Sachverständiger für Pflege- und Betreuungsfälle aller Art agieren zu können, stellt für mich ein besonders reizvolles und zum Teil sehr spannungsgeladenes Tätigkeitsspektrum dar.

Typische Folgefragen zu dieser Selbstvorstellung sind:

- Wo haben Sie Ihren Firmensitz bzw. was ist Ihr Einzugsgebiet?
- Wie viele MitarbeiterInnen beschäftigen Sie?
- Bieten Sie nur ambulante oder auch stationäre Betreuungen an?
- Wie gehen Sie mit der Problematik um, kein adäquates oder nicht ausreichend Pflegepersonal zu bekommen?
- Ist Pflege nicht auch ein extrem undankbarer Job? Wie schaffen Sie es, Ihre Mitarbeiterschaft bei der Stange und motiviert zu halten?
- Wie sehen Sie das – ist Pflege heute noch bezahlbar?
- Wie haben Sie als Experte sich selbst pflegetechnisch abgesichert?
- Wenn Sie vor Gericht agieren, wer hat da mit wem welchen Streit und was ist Ihre Rolle dabei?
- Welche Herausforderungen erleben Sie als Gutachter ganz konkret?

- Wird in den Pflegegraden tatsächlich so viel betrogen, wie man in den Medien immer hört oder ist das ein Mythos?
- Begleiten Sie auch Angehörige, die ihre Familienmitglieder pflegen oder nur die Patienten selbst?
- Bieten Sie auch Weiterbildungen an, sowohl für Laien (also beispielsweise die Angehörigen, die mitpflegen) als auch für Fachpersonal?

5.4 Take-Home-Message

In welchem Beruf auch immer Sie tätig sind – immer wieder kommen Sie in die Situation, Ihr Metier und Ihre Position zu erläutern. Allem voran ist entscheidend, dass Sie neben der reinen Sachinformation ebenfalls berücksichtigen, was Sie an psychologischer Botschaft mit Ihren Ausführungen vermitteln.

Auf die typischsten Vorstellungen zu Ihrem Metier sollten Sie gut vorbereitet sein, denn wenn Ihnen dies gekonnt von der Hand geht, können Sie Erfolgspunkte sammeln. Legen Sie sich zurecht, was Sie inhaltlich sagen möchten. Es sollte nicht zu viel, nicht zu langatmig, nicht zu viel Fachliches, nicht zu abstrakt sein. Beachten Sie darüber hinaus, in welcher Art und Weise Sie es sagen, denn Ihr nonverbales, paraverbales und verbales Verhalten trägt entscheidend zu Ihrer Wirkung bei. Und auch wenn Sie andere nach ihrem Metier befragen, gelten die gleichen Prinzipien – stellen Sie gute Fragen und knüpfen Sie an das Gesagte mit weiteren Aspekten an.

Mit alldem haben Sie selbst in weiten Teilen in der Hand, wie interessant Sie für den anderen als Gesprächs- oder Netzwerkpartner erscheinen. Hierin liegt für Sie eine große Chance – nutzen Sie sie!

Teil IV

Baustein IV – Situations-Know-how

6

Den situativen Rahmen abstecken

> **Life Piece**
>
> Sicherlich haben Sie auch schon einmal die Erfahrung machen dürfen, mit einer Gruppe zusammenzusitzen (beispielsweise in einem geschäftlichen Meeting), bei der es nur Kaffee und Wasser zu trinken gab. Nach und nach knurrte allen der Magen, doch leider waren die Themen nicht fertig besprochen und so ging die Sitzung unbeirrt weiter, die Stimmung verschlechterte sich zunehmend, der Ton wurde schärfer, das Unverständnis für einander nahm zu. Der Grund? Alle hatten Hunger, fühlten sich unterversorgt und unwohl. Kurzum, es wurde am falschen Ende gespart.
>
> In vielen Firmen wird inzwischen kein Catering mehr gestellt, doch so manches Mal würde es sich auszahlen, wenn man (sei es aus eigener Tasche) für etwas mehr kulinarische Verköstigung aller sorgen würde, dann würde so manche Besprechung zeitlich, inhaltlich wie menschlich besser verlaufen.

Nachfolgend zeigen wir Ihnen auf, inwiefern das Miteinander-Essen (Abschn. 6.1) und die richtige Location-Wahl (Abschn. 6.2) zu einem gelungenen Socializing beitragen können.

6.1 Psychologische Bedeutung des Miteinander-Essens

Die Zeiten, in denen Essen für uns eine existenzielle Angelegenheit war und dem eigenen Überleben diente, sind längst vergangen. Heute dient Essen insbesondere dem Genuss und der Sinnlichkeit. Essen ist zu einer kulturell wichtigen Aktivität geworden, bei der es weniger um physiologische als vielmehr um psychologische Aspekte geht. Und genau das ist der Punkt, an dem Sie ansetzen und für Ihre Anliegen in bester Absicht Einfluss nehmen können. Denn Essen …

- **verbindet.** Es verbindet Sie mit anderen (Familie, Freunden), indem Sie diesen beispielsweise durch eine Essenseinladung *Raum geben*, etwas miteinander zu teilen: das Mahl als solches, aber auch Zeit und einen Austausch in angenehmem Ambiente. Sie können mit einem Essen einen *Anlass geben*, sich zu treffen, sich miteinander zu beschäftigen; zugleich bieten Sie auch den *Rahmen* an, in dem dies stattfindet und der ist entscheidend. Findet das Ganze quasi im Stehen an der Küchentheke statt, an einem nicht gedeckten Konferenztisch, auf dem noch die Krümel vom Frühstück und die Papierberge vom Vortag liegen? Oder an einem ästhetisch eingedeckten Esstisch? Nicht zuletzt schaffen kulinarische Genüsse auch wunderbare *Erinnerungen,* die Sie miteinander verbinden.

- **ist der Transmitter einer Begegnung.** Studien zu Ess- und Ernährungsgewohnheiten und Einsamkeit zeigen: Menschen fühlen sich einsamer, wenn sie ernährungsmäßig verzichten mussten (beispielsweise Lebensmittelunverträglichkeiten oder Allergien) oder wollten (beispielsweise Vegetarier oder vorübergehende gewählte Abweichung, wie keinen Alkohol mittranken) – weil es ihnen schlichtweg daran fehlte, sich über ähnliche Lebensmittel miteinander zu verbinden und sich einander nah zu fühlen (Woolley et al., 2019).
Daher: Genießen Sie gemeinsam und diskutieren Sie nicht nur, dann nähren Sie einander im direkten wie im übertragenen Sinne. Und im Falle eines aufwändigen oder besonderen Essens drücken Sie darüber hinaus auch aus, was Sie dem anderen an Wertschätzung entgegenbringen, denn Sie bieten ihm etwas Wohltuendes (sei es ein Catering, etwas Selbstgekochtes/Selbstgebackenes oder etwas seltenes bzw. traditionelles Mitgebrachtes wie beispielsweise Aachener Printen für die Meeting-Verköstigung).
- **stimuliert und befriedet.** In dem Moment, in dem Sie etwas zu Essen anbieten, knüpfen Sie an einen zentralen Lebensbereich an und sprechen Grundbedürfnisse Ihrer Mitmenschen an. Wer etwas isst oder trinkt, nährt sich, sorgt für sich, führt sich etwas zu, das seiner Erhaltung dient (früher mal seine Existenz, heute eher seine geistige Leistungsfähigkeit) – mit leerem Bauch arbeitet und diskutiert es sich nicht gut (allerdings: mit zu vollem auch nicht). Diejenigen, die mit Ihnen essen, sind wiederum zugänglicher, offener und milder gestimmt, denn wer wohltuend gesättigt ist, „dessen innerer Tiger ist sozusagen friedlich". Eine gute Voraussetzung, um sich aufeinander einzulassen, zwischenmenschliche Nähe herzustellen, Vertrauen aufzubauen.

Des Weiteren schafft eine kulinarische Untermalung Atmosphäre und gibt Orientierung. Es stimmt alle positiv (wenn es denn schmeckt) und gibt ihnen etwas an die Hand – denn wenn man ein Glas in der Hand hält oder etwas isst, hat man etwas zu tun und einen Fokus für die eigene Aufmerksamkeit.

Sie sehen, es hat seinen Grund, dass Sie beim Thema Socializing meist auch in Essenssituationen geraten, denn Kontakte und Beziehungen lassen sich hervorragend in Verbindung mit Essen aufbauen. Sollten Sie nun selbst in die Situation kommen, ein solches Socializing-Event zu gestalten, so gilt es, einiges bezüglich des Ambientes zu beachten (siehe nächster Abschnitt).

6.2 Wirkung des Ambientes

Ihre Auswahl des Ambientes bietet Ihrem Gast Grundlage für zahlreiche Schlussfolgerungen über Sie und Ihre Beziehung: So mag er daraus ableiten, inwieweit Sie in der Lage sind, das Passende für ihn auszusuchen („Hier fühle ich mich wohl"), wie viel Wert Sie der Beziehung beimessen („Was, in so eine billige Absteige lädt er mich ein?"), welche Art Sie bevorzugen (beispielsweise wie konservativ und steif oder kreativ und locker) etc. Zum anderen prägt der Kontext, in dem das Ganze stattfindet, den Verlauf des Essens und entscheidet damit auch über Ihren Erfolg. Folglich kommt es nicht nur auf die Qualität des Essens und die fachlichen Inhalte des Gesprächs an, sondern auch auf sog. periphere Merkmale (wie Atmosphäre) und das subjektive Wohlbefinden aller Beteiligten. Gelingt es Ihnen, ein angenehmes Ambiente (auch durch gutes Essen und gegebenenfalls Alkohol) zu erzeugen, sind die Beteiligten insgesamt wohlwollender aufgelegt. Im Fachjargon wird die Verlagerung des Geschäftlichen in ein Lokal daher auch *soften-up-strategy* genannt (Chaiken, 1987; Chaiken et al., 1996; Chen & Chaiken, 1999; Petty & Cacioppo, 1986). Wem es gut geht, der entspannt sich und lässt sich wohlwollend auf sein Gegenüber ein. Nutzen Sie diese Chance!

Was ist die richtige Location? Die richtige Location ist daher jene, welche nicht nur Ihren Wünschen entspricht, sondern vor allem denen Ihrer Gäste. Es geht nicht darum, dass Sie Ihre Gäste mit dem besten Restaurant der Stadt beeindrucken (das kann diese nämlich auch überfordern), sondern dass Sie *das für sie passende* finden. Manchmal kann das durchaus die Pizzeria um die Ecke sein, manchmal aber eben auch nicht. Kurzum: Orientieren Sie sich bei der Lokalitätswahl an den Wünschen und Vorlieben Ihrer Gäste.

Neben der reinen *Qualität des Essens und damit dem Rang eines Lokals* im Restaurantführer, können auch Lokalitäten mit einem *besonderen Ambiente* zu einem guten Gelingen Ihres Essens beitragen. Wenn Sie beispielsweise eine besonders unkonventionelle Arbeitsweise vermitteln möchten, empfiehlt sich ein Lokal, das auch diese Seite betont und sich nicht als steif und unpersönlich präsentiert. Oder aber Sie bestellen ein Catering an einen ungewöhnlichen Ort – lassen beispielsweise ein großes Picknick am See-/Flussufer oder eine Partyfläche in einer Bunkeranlage aufbauen – was auch immer es ist, Sie sollten die gewünschten Aspekte einer Lokalwahl bzw. eines Caterers zuverlässig beurteilen können (d. h. beispielsweise zuvor persönlich getestet haben).

Auch eine *Einladung nach Hause,* in einen persönlicheren Rahmen kann geeignet sein, beispielsweise um die neuen Vorstandskollegen, „rotarischen Freunde" oder aber das neue eigene Mitarbeiterteam besser kennenzulernen. In diesem Fall kann beispielsweise ein Caterer Sie unterstützen oder Sie reichen unkomplizierte Gerichte wie Tapas oder Käseplatten.

Aufgabe des Ambientes. Früher stand das Event (das beeindrucken sollte) als solches im Fokus, doch heutzutage ist das Socializen selbst der Dreh- und Angelpunkt des Ganzen. Damit hat sich auch das Ziel etwas gewandelt: Es geht darum, sich persönlich besser kennenzulernen, um dann beruflich „besser miteinander zu können". Entsprechend hat auch das dazu passende Ambiente eine andere Aufgabe bekommen, denn es muss möglich machen, was im Fokus steht: das Socializen und sich miteinander wohl fühlen.

Nachfolgend finden Sie nun, wie Sie mit den richtigen Umgangsformen bei einem solchen Event nicht nur punkten können, sondern sich auch entspannt zurücklehnen und auf das Socializing konzentrieren können – wohlwissend, dass Sie Ihrerseits das richtige Auftreten an den Tag legen.

6.3 Take-Home-Message

Socializing wird völlig zu Recht meist auch mit Essenssituationen verknüpft, denn Kontakte und Beziehungen lassen sich besonders gut unter Rahmenbedingungen aufbauen, in denen man kulinarisch gut versorgt und angenehm gesättigt ist. Des Weiteren ist das Ambiente bedeutsam. Nicht nur private, sondern auch berufliche Kontakte lassen sich in einem Wohlfühlambiente einfach besser ausbauen (soften-up-Strategie). Je passender die gewählte Location für die Zielgruppe ist, desto leichter entsteht eine gute Socializing-Atmosphäre.

Literatur

Chaiken, S. (1987). The heuristic model of persuasion. In M. P. Zanna, J. M. Olson, & C. P Herman (Hrsg.), *Social influence: The Ontario symposium* (Bd. 5, S. 3–39). Lawrence Erlbaum Associates.

Chaiken, S., Wood, W., & Eagly, A. H. (1996). Principles of persuasion. In E. T. Higgins & A. W. Kruglanski (Hrsg.), *Social psychology: Handbook of basic principles* (S. 702–744). Guilford Press.

Chen, S., & Chaiken, S. (1999). The heuristic-systematic model in its broader context. In S. Chaiken & Y. Trope (Hrsg.), *Dual-process theories in social psychology* (S. 73–96). Guilford Press.

Petty, R. E., & Cacioppo, J. T. (1986). *Communication and persuasion: Central and peripheral routes of attitude change.* Springer.

Woolley, K., Fishbach, A., & Wang, R. (M.). (2019). Food restriction and the experience of social isolation. *Journal of Personality and Social Psychology.* Advance online publication. https://doi.org/10.1037/pspi0000223.

7

Vom souveränen eigenen Auftreten und guten Umgangsformen

> **Life Piece**
>
> Vielleicht waren Sie schon einmal zu einer Party oder einem Empfang eingeladen, bei dem Sie außer dem Gastgeber niemanden kannten und dann Folgendes ablief:
> Sie kamen an, sahen sich am Eingang suchend um, man nahm Ihnen Ihre Garderobe ab, drückte Ihnen ein Glas Prosecco in die Hand und überließ Sie sich selbst. Dann endlich kam Ihr Gastgeber auf Sie zu, begrüßte Sie freudestrahlend, war im nächsten Augenblick aber auch schon wieder auf und davon, um die soeben eintreffenden weiteren Gäste zu begrüßen. Sie standen etwas planlos und einsam herum, fassten sich dann vielleicht ein Herz und gesellten sich zu den nächsten vereinzelt umherstehenden Personen dazu. Irgendwann gesellte sich wieder Ihr Gastgeber zu Ihnen, bemerkte fröhlich, wie toll es sei, dass Sie sich bereits so gut unterhalten würden (was Ihres Empfindens nach keineswegs der Fall war), gab eine

---

Dieses Kapitel setzt sich in weiten Teilen aus Passagen aus Werth und Thum (2007) zusammen.

© Der/die Autor(en), exklusiv lizenziert an Springer-Verlag GmbH, DE, ein Teil von Springer Nature 2022
L. Werth und C. Thum, *Erfolgsfaktor Socializing*,
https://doi.org/10.1007/978-3-662-64885-8_7

> Anekdote zum Besten und war auch schon wieder unterwegs zu anderen Gästen.
> Was ist hier passiert? Nun, Ihr Gastgeber hat seine Rolle als solcher nicht wirklich wahrgenommen. Er betätigte sich als Einladender, zeitweilig auch als Unterhalter, doch leider ist all dies nur ein Bruchteil dessen, was es braucht, damit sich Gäste wohl und willkommen fühlen. Insbesondere damit Gäste sich auch vernetzen können, erfordert die Gastgeberrolle, wie Sie nachfolgend sehen werden, wesentlich mehr(-schichtigeres) und vor allem umsichtigeres Handeln.

Sowohl als Gastgeber als auch als Gast geht es darum, bei dem jeweiligen Ereignis „mitzuspielen", d. h., die einem zugedachten Rollen wahrzunehmen und auszufüllen.

Als **Gastgeber** fällt Ihnen im Speziellen die Rolle eines „Regisseurs" zu, der seinen Gästen Orientierung gibt: Sie (beg-)leiten Ihre Gäste durch die Veranstaltung, sprechen mit dem Servicepersonal (sofern Sie dieses haben bzw. in einer Gastronomie sind) und treffen alle organisatorischen Entscheidungen (wann das Essen startet, wann die Gesellschaft sich auflöst). Seien Sie sich darüber im Klaren, dass von Ihnen erwartet wird, diese Rolle auszufüllen und ein unangenehmes Vakuum für alle entsteht, wenn Sie dies nicht tun (siehe Einführungsbeispiel) – kurzum, dass sie ein absolutes Muss darstellt. In der **Gast**rolle bleiben Sie – was die organisatorischen Belange angeht – zurückhaltend, lassen sich führen und orientieren sich an Ihrem Gastgeber. Selbstverständlich „lästern" Sie, wenn Fehler oder unangenehme Situationen entstehen, nicht mit anderen Gästen darüber.

In beiden Rollen geht es darum, den jeweils anderen Beteiligten zu zeigen, dass man sie (wert-)schätzt und möchte, dass sie sich wohlfühlen. Um sich adäquat verhalten zu können, ist es daher wichtig, die Aufgaben und Hürden zu kennen, die mit Ihrer Rolle verbunden sind. Nachfolgend werden die einzelnen Etappen einer Veranstaltung und die darin enthaltenen Aufgaben für Gastgeber und Gast beschrieben. Dabei gehen wir zumeist von einer Einladung zu einem gesetzten Essen aus, da hierbei das wohl größte „Repertoire an Umgangsformen" gefordert ist – von dieser Situation können Sie dieses dann für „einfachere" Rahmenbedingungen entsprechend reduzieren. Wir skizzieren stets den „Idealfall des Verhaltens", wohlwissend, dass dieser nicht immer so realisierbar ist – doch es gilt auch hier wie immer im Leben: Wichtig ist zu wissen, wohin die grobe Richtung gehen sollte und dann das Ganze flexibel zu handhaben.

7.1 Die Vorbereitung

Zum guten Ton und souveränen Auftreten gehört es, dass Sie nicht gänzlich unvorbereitet in das Treffen gehen. Zum einen betrifft dies eine *inhaltliche Vorbereitung* (Was sollen Sinn und Zweck des Treffens sein? Welche Inhalte möchten Sie besprechen, welches Ziel erreichen? Ggf: Wie wollen Sie vorgehen?) Selbstverständlich geht es zum Zweiten auch darum, die entsprechende *Kleidung* frühzeitig zu entscheiden (siehe Abschn. 2.1.2; sonst ist exakt das eine Kleidungsstück, das angemessen wäre, in der Wäsche) und sich ggf. mögliche *Formulierungen und Small-Talk-Themen* zurechtzulegen (siehe Kap. 4 und 5), falls Sie hierin nicht bereits aus dem Stehgreif heraus souverän agieren können. Zum Dritten gilt es, sich Gedanken zu machen, ob Sie ein *Gastgeschenk* benötigen und falls ja, wie dieses aussehen sollte (Abschn. 7.1.1). Und zum Vierten sollten Sie – wenn es nicht einen explizit Einladenden gibt – sich im Klaren darüber sein, wer die *Rechnung* übernehmen wird, um auch hierauf nicht unvorbereitet reagieren zu müssen (Abschn. 7.1.2).

7.1.1 Das Gastgeschenk

Wann bringen Sie ein Geschenk mit, wann nicht? Ob ein Gastgeschenk angemessen ist oder nicht bestimmt die Art der Veranstaltung, zu der Sie gehen: Bei größeren anonymen Veranstaltungen (wie Empfängen, Vernissagen) wird kein Gastgeschenk erwartet, werden Sie hingegen offiziell (Hochzeit, Geburtstag) oder halboffiziell (beispielsweise eine Einladung des Chefs oder eines rotarischen Freundes nach Hause) eingeladen, gehört es nach wie vor zum guten Ton, nicht mit leeren Händen zu kommen.

Was ist die Idee des Gastgeschenks? Es dient der Geste der Dankbarkeit und Wertschätzung, die Sie dem Gastgeber für die Einladung und die Mühe, die er sich mit den Abend/der Feier macht, ausdrücken. Es ist also sozusagen ein „Danke" für die anstehende Feier, in deren Genuss Sie kommen werden.

Welches Geschenk bringen Sie mit?
Zugegebenermaßen ist es gar nicht so einfach, das passende Mitbringsel zu finden, besonders dann, wenn man den Gastgeber nicht wirklich gut kennt. Doch wie Sie nachfolgend sehen, kann ein Geschenk sowohl klassisch-neutral als auch etwas persönlicher ausfallen.

Klassische Weise. Sofern Sie klassisch vorgehen möchten, sind ein Blumenstrauß für die Dame des Hauses sowie eine Flasche Alkohol (hochwertiger Wein, Champagner, Whiskey, Gin o. ä.) für den Herrn angesagt.[1] Damit

---

[1] Sofern der Gastgeber eine Einzelperson ist, nur eines von beiden (Blumen oder Alkohol) und wenn Sie als Gast einzeln kommen, ebenfalls nur eines davon.

lägen Sie nie falsch – doch vielleicht mögen Sie sich ja einen Augenblick nehmen und etwas mehr Gedanken zum Thema „Gastgeschenk" machen? Denn auch beim Schenken gilt wie bei allen anderen Aspekten des Auftretens: Beachten Sie die subtile Botschaft, die mitschwingt und nutzen Sie sie zu Ihren Gunsten.

Etwas gezielter vorgehen. Zunächst einmal können Sie etwas gezielter vorgehen, als es andere tun:

- Wenn Sie zum Essen eingeladen sind und vorher rausfinden konnten, was auf der Speisekarte steht, spricht nichts dagegen, einen guten Wein oder Digestif, der speziell zu diesem Essen passt, mitzubringen.
- Sie könnten aber auch vorab ein bisschen herumgefragt oder recherchiert haben (beispielsweise bei der Sekretärin desjenigen anfragen) und der Gastgeberin anstelle eines „neutralen" Blumenstraußes ihre Lieblingsblumen mitbringen. Auch bezüglich des Alkohols kann es sinnvoll sein, sich vorher über die Vorlieben des Gastgebers zu informieren (Trinkt er Alkohol? Hat er eine Lieblingsmarke oder ein Lieblingsanbaugebiet?).

Etwas Besonderes schenken. Vielleicht möchten Sie aber auch vom Klassiker abweichen und ein etwas individuelleres Geschenk mitbringen?

- Kommen Sie aus einer Gegend, die *für bestimmte Spezialitäten* bekannt ist? Eine Spirituose aus der Region oder Printen vom besten Printenbäcker Ihrer Stadt (wenn Sie aus Aachen kommen), ein besonderer Schinken oder eine sonstige kulinarische Spezialität aus der Gegend, aus der Sie kommen, sind ebenso als Geschenk geeignet. Gleichzeitig liefern sie Ihnen auch einen wunderbaren Gesprächsstoff (Woher kommen die

Köstlichkeiten? Wer sind die Hersteller und was ist die dazugehörige Historie?). Anekdoten hierzu sind immer wieder gern gehört.

- *Delikatessen* sind ebenso ein schönes Geschenk. Sie passen nicht nur perfekt zum Anlass, sondern sie zeigen auch, dass Sie ein Kenner von Genuss und Geschmack sind – allerdings sollten Sie dann auch wirklich das entsprechende Wissen zu der Delikatesse parat haben (Was macht den Wein, die Pralinen, die Pastete, das Gewürz so besonders?).
- Hat Ihr Gastgeber *ein spezielles Hobby oder eine spezielle Vorliebe* (beispielsweise für Zigarren, Kochutensilien, Gewürze)? Interessiert er sich für Oldtimer, alte Gebäude, Innenarchitektur oder ist er ein exzellenter Hobby-Koch? Dann sind entsprechende Bildbände (sog. coffee table books) ein passendes Geschenk.
- Besitzt Ihr Gastgeber eine *Sammelleidenschaft?* Wenn Sie die Leidenschaft Ihres Gastgebers kennen, können Sie seine Sammlung um ein schönes Stück erweitern. Wenn Sie sich mit dem Thema nicht so gut auskennen, ist es empfehlenswert, sich beim Kauf von einem Experten beraten zu lassen.
- Schließlich könnten Sie auch *Bezug nehmen zum konkreten Anlass* oder zur Person und das Geschenk darauf abstimmen (beispielsweise könnten Sie ein Produkt gefunden haben, das zum Namen des Gastgebers oder seiner Firma passt oder Bierdeckel mit zum Anlass passenden Dingen bedrucken lassen).

Beachten Sie aber zugleich auch, dem Gastgeber keine allzu teuren Geschenke mitzubringen, die dem Anlass nicht mehr entsprechen, das bringt ihn nur in Verlegenheit. Selbstverständlich könnten Sie sich auch mit anderen Gästen zusammentun und so ein größeres Gemeinschaftsgeschenk zusammenstellen.

Gastgeschenke werden in aller Regel immer im Rahmen der Begrüßung überreicht (vgl. Abschn. 7.2.2, Begrüßung). Nicht zuletzt hat man hier die Möglichkeit, ein paar Worte und Gedanken zu dem Geschenk zu äußern. Als Gastgeber ist es in diesem Kontext wichtig, vor allem bei Veranstaltungen mit vielen Teilnehmern, sich zu vermerken, welches Geschenk von welchem Gast stammt (wenn der Gast keine Karte hinzugefügt hat), um später vielleicht noch einen expliziteren Dank auszudrücken zu können.

Unabhängig vom Gastgeschenk gilt: Bedanken Sie sich am Folgetag nach der Einladung noch einmal telefonisch oder schriftlich (im Freundeskreis auch per E-Mail oder SMS) für die Einladung und die schöne verbrachte Zeit.

7.1.2 Wer zahlt?

Sie fragen sich, warum das Thema „Wer zahlt?" im Abschnitt „Vorbereitung" und nicht im Abschnitt „Ende der Veranstaltung" steht? Nun, weil Sie möglichst bereits vor Beginn der Veranstaltung wissen sollten, wessen Part das Zahlen ist. Vielleicht kennen Sie ja die Situation, dass der Service am Ende des Essens kommt und fragt „Geht das getrennt oder zusammen?" und daraufhin alle betreten auf den Boden blicken, weil sie nicht wissen, was nun gut wäre – so etwas sollten Sie (v. a. bei beruflichen Kontakten) vermeiden! „Agieren vor Reagieren" sollte Ihre Devise sein, was hier bedeutet, dass – falls Sie der Einladende sind oder sein möchten – Sie dies auch von Beginn an kommunizieren (siehe unten).

Bezahlen ist ein heikles Thema, denn es birgt so manche Falle und Unstimmigkeitspotenzial in sich. Der Rechnungsübernahme schwingt eine psychologische

Bedeutung mit: Beispielsweise könnten Sie dem anderen ausdrücken, dass

- Sie mit der Übernahme der Rechnung ein Kompliment aussprechen möchten (beispielsweise dass Sie sich als Gentleman alter Schule freuen, dass Ihnen die Dame die Ehre erweist, mit Ihnen auszugehen)
- Sie als „Höherverdienender" selbstverständlich die Rechnung übernehmen (beispielsweise als Chef gegenüber der Mitarbeiterschaft)
- für Sie als Verkäufer ein übernommenes Essen mit dem Kunden zur Akquise gehört
- für Sie als Ortsansässiger eine Einladung ganz normale Gastfreundschaft ist.

Kurzum, prüfen Sie die psychologische Bedeutung Ihrer Situation und leiten Sie daraus die für Sie passende Handhabung ab. Üblich sind derzeit folgende Varianten der Kostenübernahme:

- Gibt es einen *eindeutigen Gastgeber,* d. h. eine Person, die eine deutliche Einladung ausgesprochen hat oder ist der Chef mit seinen Mitarbeitenden unterwegs, ist die Sache einfach: Er zahlt. als Gast brauchen Sie sich in diesem Fall keinerlei Gedanken zu machen, auch eine Nachfrage ist hier nicht angebracht.
- Immer wieder trifft man im Berufsalltag jedoch auch die Situation an, dass eine klare Einladung und damit einhergehend ein *eindeutiger Gastgeber nicht* gegeben sind – beispielsweise weil sich die Idee, gemeinsam essen zu gehen, nach einem Meeting spontan ergeben hat. In diesem Fall besteht die Regel, dass der Ortsansässige die Rolle des Gastgebers und der Zugereiste die Gastrolle inne hat.

- Wenn beide Seiten vor Ort wohnen bzw. beide Seiten *nicht* vor Ort wohnen oder diese Regel eine bereits häufiger erfolgte *einseitige* Zahlungsübernahme nach sich zieht, können Sie – sofern dies inhaltlich gegeben ist – nach der Regel verfahren „der Verkäufer zahlt". Zum einen verfügen Verkäufer – im Gegensatz zu vielen anderen Berufsgruppen heutzutage – in aller Regel über ein entsprechendes Budget, zum anderen ist für sie das Begleichen der Rechnung eine psychologisch wichtige Komponente: Sie möchten etwas von der Gegenseite (dass sie ihr Produkt kauft) und können ihnen per Essenseinladung im Voraus etwas Gutes tun. Dieses „Prinzip der Gegenseitigkeit" erhöht in der Tat die Verkaufschance (Cialdini et al., 1992; Uehara, 1995; Whatley et al., 1999).[2]
- Ist eine Käufer-Verkäufer-Konstellation nicht gegeben, so wird in der Regel abwechselnd bezahlt. Getrennte Rechnungen sind im beruflichen Kontext meist üblich, d. h., es zahlt immer einer für die ganze Gesellschaft. Dies können Sie galant mit den Worten einleiten: „Gestatten Sie, dass Sie heute meine Gäste sind." Als Eingeladener können Sie dann antworten: „Sehr gerne, herzlichen Dank. Nächstes Mal dürfen wir Sie dann einladen." Selbstverständlich werden Sie Letzteres dann auch wirklich tun.
- Würde eine Kostenübernahme jemanden vor den Kopf stoßen, ihn „klein machen", kann auch getrennt oder abwechselnd gezahlt werden. Dies könnte beispielsweise der Fall sein, wenn zwei Anwälte aufeinander treffen.

---

[2] Dieses Prinzip der Gegenseitigkeit besagt: Wer seinem Gegenüber auch ungebeten etwas Gutes tut, zum Beispiel, indem er die Rechnung übernimmt, löst in diesem das Gefühl aus, sich revanchieren zu müssen – beispielsweise indem er dem Wohltäter ein Produkt abkauft oder dieses zumindest wohlwollender prüft.

Möchten Sie dann besonders betonen, dass hier gleichwertige und voneinander unabhängige Partner aufeinandertreffen, halbieren Sie die Rechnung.

Kurzum, fragen Sie sich bei der Rechnungsübernahme immer, was vom psychologischen Standpunkt aus das Bessere bzw. die gewünschte Aussage ist. Wer will oder wer gibt mehr, was erzeugt mehr Wohlbefinden? Sofern Sie sich entschieden haben, der Einladende zu sein, so kommunizieren Sie dies von Anfang an, beispielsweise in der schriftlichen Einladung („Ich/Wir freuen uns, Sie zu abc einladen zu dürfen") oder mündlich zu Beginn des Essens („Darf ich dich heute zum Essen einladen?"/„Es wäre mir eine Freude, heute die Rechnung übernehmen zu dürfen").

Und als Gast einer solchen Einladung bedenken Sie bitte: Sich zu revanchieren ist immer gut; unklug wäre es, sich dauerhaft einseitig einladen zu lassen oder mit einem zu großen Weinbudget den Rahmen zu sprengen.

7.2 Der Anfang/das Eintreffen

Es gibt zwei psychologisch besonders einflussreiche Momente einer Begegnung: „Der Anfang prägt, das Ende haftet!" Die hier gewonnenen Eindrücke sind insofern entscheidend, da sie Bewertung, Verlauf und ganz besonders auch die spätere Erinnerung an das Zusammentreffen prägen. Entsprechend kommen Beginn (siehe nachfolgend) und Beendigung (siehe Abschn. 7.4) Ihres Treffens eine hohe Bedeutung zu. Nutzen Sie dies als Chance, indem Sie Start und Ende ganz bewusst prägen und nicht dem Zufall überlassen.

Ein gelungener Start[3] erfordert zunächst einmal Pünktlichkeit. Als *Gastgeber* sind Sie selbstverständlich pünktlich, was heißt, dass Sie ausreichend früh vor Ort sind bzw. parat sind, um zum einen alle erforderlichen Vorbereitungen erledigt zu haben und damit zum anderen die Gäste, selbst in dem Fall, dass sie eine Viertelstunde zu früh eintreffen, nicht vor verschlossenen Türen stehen, sondern Sie bereits empfangsbereit sind. Sollte Ihr Veranstaltungsort eher versteckt liegen, holen Sie Ihre Gäste lieber am Parkplatz bzw. der Straße ab und führen Sie sie hin. Keinesfalls sollten diese herumirren und Sie suchen müssen.

In der *Gastrolle* gebieten Ihnen Respekt und Höflichkeit gegenüber dem Gastgeber unbedingt, dass Sie als Gast einer Essensveranstaltung pünktlich im Rahmen von plus/minus 5 min erscheinen.[4] Daher werden Sie in aller Regel einen zeitlichen Puffer einrechnen. Sofern Sie dadurch mehr als 5 min zu früh am verabredeten Treffpunkt eintreffen, können Sie vorher beispielsweise noch einmal um den Block laufen und so Ihrem Gastgeber seine Vorbereitungszeit gewähren. Für den Fall, dass Sie sich allen guten Bemühungen zum Trotz doch einmal verspäten, rufen Sie in der Lokalität an und geben Bescheid, wann Sie voraussichtlich eintreffen werden. Einen Grund für Ihre Verspätung brauchen Sie dabei nicht anzugeben. Stören Sie Ihren Gastgeber nicht bei der Betreuung der übrigen Gäste, in dem Sie ihn persönlich anrufen oder ihn

---

[3] Das zunächst Wahrgenommene (Gehörte, Gesehene, Erlebte) und dazu gehört auch ein gelungener Anfang, hat einen entscheidenden Einfluss auf die Meinungsbildung, da diese Informationen leichter ins Langzeitgedächtnis übergehen können (sog. Primacy-Effekt, Werth et al., 2020).

[4] Bei einem Empfang (beispielsweise „18–22 h") gibt es kein „zu spät", sondern nur ein „ab 18 h".

ans Telefon holen lassen – ist er gut vorbereitet, ist sein Mobiltelefon ohnehin ab- oder auf lautlos geschaltet.

7.2.1 Der Weg nach drinnen: Vom Türaufhalten und Garderobeabnehmen

Wundern Sie sich womöglich gerade ein wenig, dass es eigene Abschnitte zum Tür aufhalten und über das Ablegen und Annehmen der Garderobe – zu zwei auf den ersten Blick so unbedeutenden Details – gibt? Sie haben in gewisser Weise Recht, denn eigentlich sollte dieser Part im Rahmen einer Veranstaltung wenig Aufmerksamkeit auf sich ziehen. Damit diese Details jedoch dementsprechend unauffällig und nebenbei erledigt werden können, ist es erforderlich, genau zu wissen, wie sie reibungslos vonstatten gehen. Nehmen Sie sich daher kurz Zeit für die folgenden beiden Punkte: Wer hält wie die Tür auf sowie wer nimmt wem die Garderobe ab und vor allem, wie gestaltet sich beides rein technisch?

Die Technik des richtigen Türaufhaltens beim Eintreffen
Kennen Sie das etwas ungelenke Hin und Her, das immer wieder an einer Tür entsteht – wer hält wem nun wie die Tür auf? Irgendwie klappt es letztendlich immer, doch was wäre wirklich souverän und reibungslos im Ablauf? Es gibt in der Tat ganz simple Tricks und Tipps, wie Sie dies so meistern, dass es das bleibt, was es ist: eine unauffällige Kleinigkeit, die mit Leichtigkeit abläuft und einfach nur ein gutes Gefühl hinterlässt. Darum erlauben Sie uns ein paar ausführlichere Zeilen zur Technik des Türaufhaltens:

Sofern Sie mit Ihren Gästen gemeinsam eine Lokalität betreten, führen Sie, d. h., Sie gehen voran und öffnen die Tür. Halten Sie Ihrem wichtigsten Gast die Tür auf und folgen Sie ihm. Überholen Sie ihn dann und gehen Sie auf den Service zu. Als Gastgeber sind Sie Ansprechpartner für das Serviceteam und entsprechend auch derjenige, der dem Servicepersonal zuerst begegnen sollte. Tipp: Damit die Tür nicht vor Ihren restlichen Gästen zufällt bzw. von diesen selbst aufgehalten werden muss, ist es geschickt, das Türaufhalten einen Ihrer Mitarbeitenden übernehmen zu lassen, bis die ganze Gruppe das Lokal betreten hat.

Die Technik des Garderobeabnehmens und -ablegens
Wer ist wem beim Abnehmen der Garderobe behilflich? In einer gehobenen Lokalität wird Ihnen der Servicemitarbeitende, der Sie empfangen hat, die Garderobe abnehmen. Sollte dies einmal nicht der Fall sein oder sollten Sie in Ihren eigenen Räumlichkeiten Gäste empfangen, so ist es an Ihnen als Gastgeber, Ihren Gästen selbst behilflich zu sein – und dann ist es erforderlich, dass Sie wissen, wie es geht. Ihren weiblichen Gästen können Sie als Gastgeberin oder auch als Gastgeber diesen Dienst auf alle Fälle mit einem „Darf ich behilflich sein?" anbieten, bei den Herren dürfen Sie Ihrem Gefühl vertrauen, ob Ihnen ein solches Angebot angemessen erscheint oder nicht. Selbstverständlich werden Sie, wenn Sie selbst und nicht die Servicemitarbeitenden Ihren Gästen die Garderobe abnehmen, Ihre Gäste zuerst begrüßen und Ihnen dann erst ihre Mäntel abnehmen. Sofern der Service den Gästen die Garderobe abnimmt, werden diese vom Gastgeber erst danach, also „mantellos", begrüßt.

Wie geht das Garderobeabnehmen vor sich? Sowohl für Damen als auch für Herren gilt: Stellen Sie sich mit dem Rücken zu dem, der Ihnen helfen will. Damit Ihre Oberbekleidung nicht an Ihrem Mantel hängen bleibt, können Sie zuvor Ihre Mantelärmel ein wenig über Ihr Handgelenk nach vorne ziehen. Lassen Sie dann den Mantel oder die Jacke von Ihren Schultern gleiten, sodass Sie diesen in der Mitte Ihres Rückens mit den noch in den Ärmeln befindlichen Unterarmen festhalten können. Der Helfer greift nun nach dem Kragen und hält das Kleidungsstück daran fest. Durch Strecken der Unterarme und eine leichte Drehung in Richtung des Helfers können Sie sich so ganz einfach und elegant aus dem Mantel „befreien" – ein leicht hölzern wirkendes Vorbeugen ist vollkommen unnötig.

7.2.2 Begrüßung

Die Art und Weise, wie Sie Ihre Gäste begrüßen, trägt ganz wesentlich zum entscheidenden ersten Eindruck bei. Am besten begrüßen Sie Ihre Gäste im Empfangsbereich der Lokalität. Ob die Begrüßung vor oder nach dem Ablegen der Garderobe stattfindet, hängt wie zuvor beschrieben davon ab, ob hierfür ein Servicemitarbeitender zur Verfügung steht. Müssen Sie als Gastgeber Ihren Gästen nicht behilflich sein, begrüßen Sie sie erst, nachdem diese und Sie selbst sich Ihrer Garderobe entledigt haben. Sind Sie als Gastgeber allerdings selbst gefordert, Ihren Gästen aus der Garderobe zu helfen, gebietet es die Höflichkeit, die Begrüßung vorzuziehen. In jedem Fall sind Sie als Gastgeber auch hier in der Führungsrolle und machen den Anfang.

Verbale Begrüßung
Auch wenn Sie noch so überrascht sind, dass Ihre Gäste bereits da sind – absolute No-Gos sind: „Ach, da sind Sie ja schon, ist es schon so spät? Mit Ihnen hatte ich noch gar nicht gerechnet." Stattdessen sollte es heißen „Wie schön, dass Sie da sind, ich freue mich, Sie kennenzulernen/dass Sie sich auf den Weg zu mir gemacht haben."

Treffen Sie auf *einzelne Personen,* so sprechen Sie diese mit Namen an (wenn Ihnen dies nicht sehr oder noch gar nicht bekannte Personen sind, so haben Sie sich die Namen bei der Terminvereinbarung bereits notiert). Falls Sie sich noch nicht kennen, stellen Sie sich dann mit Ihrem Namen vor. Indem Sie zuerst die andere Person mit ihrem Namen ansprechen, können Sie zum einen die Aufmerksamkeit des anderen gewinnen und so sicherstellen, dass diese Ihren Namen mitbekommt. Zum anderen freuen sich die meisten Menschen, mit ihrem Namen angesprochen zu werden, sodass Sie auf diese Weise leichter Sympathien gewinnen. Geizen Sie also auch im weiteren Verlauf des Treffens nicht damit, andere immer mal wieder mit Namen anzusprechen („Herr Soundso, darf ich Ihnen noch einen Kaffee anbieten?" statt „Mögen Sie auch noch Kaffee?"). Nicht zuletzt können Sie sich so den Namen auch selbst besser merken (vgl. Abschn. 7.2.3, Namen und Titel).

Sofern Sie auf eine *Gruppe* treffen, ist entscheidend, wie groß diese ist. Bei größeren Gruppen (über 5 Personen) begrüßen Sie nur die Ihnen bekannte(n) wichtige(n) Person(en) mit Handschlag und nicken ansonsten nur freundlich in die Runde. Bei kleineren Gruppen begrüßen Sie diese in der richtigen Reihenfolge: Zuerst bekannt vor unbekannt (damit diejenigen, die Sie kennen, Ihnen die wichtigen vorstellen können), innerhalb dessen dann nach der Hierarchiestufe und in jeder Kategorie immer die Damen vor den Herren.

Eine Beispielformulierung zur Begrüßung wäre: „Herr Müller-Lüdenscheidt? Schönen guten Tag und herzlich willkommen in meinen Räumen/diesem Restaurant. Mein Name ist Meiermüllerschmitt. Darf ich Ihnen meine Frau/meinen Mann vorstellen?" Falls Sie den anderen bereits bekannt sind, können Sie Ihre Namensnennung natürlich weglassen. Falls Ihre Frau/Ihr Mann nicht den gleichen

Namen hat wie Sie, bitte mit Vor- und Nachnamen vorstellen.

Körpersprache bei der Begrüßung
Wenn Ihre Gäste eintreffen, gehen Sie ihnen ruhig ein paar Schritte entgegen, das signalisiert im wortwörtlichen Sinne „Entgegenkommen". Verbleiben Sie (mit einem Aperitif) im Stehen, bis alle Gäste da sind – würden Sie mit den anderen schon sitzen, vermittelt dies den Hinzugekommenen, dass sie zu spät seien (ausgenommen natürlich tatsächliche Verspätungen).

Grundsätzlich stehen Sie bei jeder Begrüßung immer auf (heutzutage als Mann wie als Frau) und haben keine Hand in der Hosentasche. Begrüßen Sie jemanden stets mit einem festen Händedruck und einem geraden Blick in die Augen. Der Händedruck beeinflusst nicht unwesentlich den ersten Eindruck, da er etwas über einen Menschen aussagt (Chaplin et al., 2000). Je fester, länger und energischer ein Händedruck ist, umso positiver (z. B. extrovertierter und offener) wird derjenige eingeschätzt. Häufig führen Berührungen auch zu einer höheren Sympathieeinschätzung. Menschen, die dabei sehr zaghaft sind (schlaffer Händedruck), werden gerne auch als zaghaft und schwach wahrgenommen. Ein fester Händedruck vermittelt hingegen, dass Sie „spürbar" und „wirksam" sind. Selbstverständlich sollten Sie nicht so fest zudrücken, dass Sie Ihrem Gegenüber damit Schmerz zufügen. Es ist beim Händedruck wie auch sonst im Leben: Die richtige Dosierung macht die gute Wirkung aus. Und ein Lächeln ist ebenfalls angebracht, denn es zeigt, dass Sie sich freuen, dass der Andere gekommen ist und Sie ihm Wertschätzung und Interesse entgegenbringen.

Begrüßungsbeispiele bei unbekannter bzw. bekannter Person
Unbekanntes Gegenüber: „Herr Schröder? Schönen guten Tag. Mein Name ist Christopher Thum vom ZTW; ich bin Trainer im Bereich Business Dinner."
Bekanntes Gegenüber: „Guten Tag, Herr Schröder. Schön, Sie zu sehen!"

Begrüßungsbeispiele mit Vorstellung einer Kollegin
Treffen Sie mit einer Kollegin auf einen *einzelnen* Gast: „Herr Schröder? Schönen guten Tag. Mein Name ist Christopher Thum vom ZTW; ich bin Trainer im Bereich Business Dinner. Darf ich Ihnen meine Kollegin Frau Stork vorstellen? Sie ist unsere Trainerin im Bereich Kommunikation."
Treffen Sie mit einer Kollegin auf eine Gäste*gruppe*: „Meine Damen und Herren, mein Name ist Christopher Thum von ZTW; ich bin Trainer im Bereich Business Dinner. Darf ich Ihnen meine Kollegin Frau Stork vorstellen? Sie ist unsere Trainerin im Bereich Kommunikation."

7.2.3 Namen und Titel

Vom Umgang mit Namen
Namen sind ein psychologischer Türöffner. Sich Namen merken zu können, ist eine fast unverzichtbare Voraussetzung im Kontext von Socializing und Networking. Sie meinen, Sie könnten sich Namen nie merken, das wäre nicht Ihr Ding? Was Ihnen wichtig ist, werden Sie sich merken können! Psychologisch betrachtet können wir uns Dinge gut merken, die sich für uns als wichtig erweisen oder positiv bzw. negativ emotional ansprechen. Lernen wir jemanden kennen, wissen wir häufig nicht, ob dieser für uns relevant wird und daher ist der Name neutral und schnell „Schall und Rauch". Werden jedoch in einem anderen Gespräch Namen fallen gelassen und Sie können

sich nicht erinnern, ob Sie diese Personen je kennengelernt haben oder können deren Namen nicht in einem Zusammenhang einordnen, haben Sie wenig gepunktet. Namen sind für Sie also beruflich immer relevant, bemühen Sie sich daher, sich diese zu merken und unterstützen Sie Ihr Gedächtnis, in dem Sie …

Namen verwenden. Zum einen wird jeder gern mit Namen angesprochen, dies zeugt davon, dass man ihn persönlich meint, sonst würde man den Namen nicht verwenden. Zum anderen: den Namen immer wieder zu verwenden trainiert Ihr Gedächtnis und Sie werden ihn automatisch besser erinnern.

Namen notieren. Sie sollten sich im Nachgang eines Treffens Notizen machen, diese ins Adressbuch einpflegen und wichtige hard facts oder Merkhilfen dazu notieren (vgl. Abschn. 7.4.5, Nachbereitung).

Ggf. nachfragen und thematisieren. Kennen Sie das Problem, dass ein Name schwer zu verstehen oder auszusprechen ist? Die meisten Menschen scheuen sich daraufhin, den Namen zu verwenden oder nachzuhaken. Doch damit verschenken Sie wertvolle Punkte, denn sobald Sie nachfragen, um den Namen korrekt zu erfassen, zeugt auch dies von Interesse am anderen und wird nicht unangenehm, sondern als wertschätzend empfunden. Nutzen Sie dies und fragen Sie nach („Was für ein ungewöhnlicher Name. Wie schreibt sich Ihr Name?" „Wie spricht man dies korrekt aus?" „Wo kommt der Name her? Hat er eine spezielle Bedeutung?"). Ganz nebenbei haben Sie damit auch sogleich einen Gesprächseinstieg.

Den eigenen Namen kundtun. Im Gegenzug gilt, dass Sie es auch anderen Menschen leichter machen können, sich Ihren Namen zu merken. Dies ist sehr geschickt, da Sie ja im Sinne des Networkings Interesse daran haben, dass diese sich Ihren Namen merken. Die klassische Vorstellweise ist die Bond-Regel: „Mein Name ist Bond, James Bond." Sie sagen Ihren Nachnamen zweimal, so stellen Sie sicher, dass dieser auch verstanden wird, selbst dann, wenn derjenige zu Beginn des Satzes noch nicht ganz hingehört hat oder Sie etwas genuschelt haben. Nicht zuletzt ist mit Nennung des Vornamens meistens auch klar, was Vor- und was Nachname ist. Falls dem nicht so ist, sollten Sie dies unbedingt dazu sagen, da niemand Sie sonst mit Namen ansprechen wird/kann.

Vom Umgang mit Titeln
Manche Menschen tragen neben ihrem Namen auch Titel, seien es akademische Titel (wie Professor oder Doktor) oder adelige Titel (wie Graf von und zu). Wie gehen Sie heutzutage damit angemessen um? Nun, das allgemeine Understatement nimmt zu (in der Kleidung wie in der Titelführung wie in anderen Statussymbolen). Oder salopp formuliert, so wie die Anzüge in den Business-Bereichen weniger werden, so nehmen auch die Titelverwendungen ab. Allerdings dürfen Sie dies selbstredend nur für sich und Ihren eigenen Titel entscheiden (dass Sie sich beispielsweise als Professor selbst nicht mit Professorentitel vorstellen, sondern nur mit Ihrem Vor- und Nachnamen). Sollten Sie hingegen jemand anderen vorstellen (beispielsweise Ihren Gast dem Kollegium vorstellen), so werden Sie seine Titel vollständig nennen, alles andere wäre unhöflich und despektierlich. Eine Auflistung der entsprechend korrekten Titelverwendung finden Sie im Kasten.

Tipp Ihren eigenen Titel können Sie auch sehr subtil verlauten lassen, indem Sie ihn zwar verbal nicht nennen, aber Ihre Visitenkarte überreichen, auf der er dann zu finden ist (vgl. Abschn. 7.2.4, Visitenkarten).

> **Korrekte Titelverwendung**
>
> Trägt Ihr Gast einen Titel, so ist es angebracht, ihn auch mit diesem anzusprechen. Bei mehreren akademischen Titeln (Prof. Dr. Dr. Schönborn) wird dabei nur der höchste Titel genannt („Herr Professor Schönborn", „Frau Professorin Schönborn"). Bei Adelstiteln können Sie, sofern es einen weiteren hören Titel (wie „Graf" gibt), das „zu" und „von" wahlweise nennen oder wegfallen lassen; derzeit ist das Weglassen eher üblich. Einen Herrn Graf von Schönborn sprechen Sie demnach mit „Herr Graf Schönborn" an. Etwas knifflig sind Kombination aus Adels- und akademischen Titeln, hierbei werden zuerst der akademische und dann der Adelstitel genannt, bei mehreren akademischen bzw. mehreren Adelstiteln wird nur der jeweils höchste genannt. Einen Herrn Prof. Dr. Dr. Graf von Schönborn sprechen Sie entsprechend korrekt mit „Herr Professor Graf Schönborn" an.

7.2.4 Umgang mit Visitenkarten

Vielleicht zweifeln Sie daran, ob es in solch digitalen Zeiten überhaupt noch Papier-Visitenkarten braucht? Sie könnten doch auch dem anderen einfach eine SMS oder Mail schicken mit Ihren Daten? Könnten Sie, doch unsererseits gibt es ein klares „Ja, und dennoch braucht es die guten alten Visitenkarten!".

Warum welche Visitenkarte? Regel Nummer 1: Haben Sie immer (vor allem beim Socializen und Netzwerken, am besten aber wirklich immer) Visitenkarten bei sich und griffbereit – nicht lieblos gestaltete, sondern aussagefähige, denn sie sind im wahrsten Sinne des Wortes Ihre Visitenkarte!

Es gibt zahlreiche Möglichkeiten, Visitenkarten zu gestalten – beispielsweise professionell durch einen Grafiker oder selbstgemacht, mit aufwändigem oder eher üblichen Drucktechniken, in peppiger oder schlichter Aufmachung, im normalen Format oder einem besonderen, rückseitig mit weiteren Symbolen, einem QR-Code, Foto oder Slogan versehen oder aber einseitig – wie auch immer Sie es handhaben, sie sollte zu Ihnen (oder der Firma, die Sie vertreten) passen, denn sie verrät etwas über Sie! Und wenn Sie wollen, dass Ihre Visitenkarte Ihren Stil, Ihren Anspruch ausdrückt, dann verleihen Sie ihr diesen. Möchten Sie, dass Ihre Karte aufgehoben bzw. mitgenommen wird (und nicht beim Rausgehen bereits im Müll landet)? Dann machen Sie sie so exklusiv, dass Ihr Gegenüber sie allein schon wegen der Aufmachung mitnehmen mag. Geknickte oder angeschmutzte eigene Karten sollten Sie selbstverständlich rechtzeitig entsorgen.

Wie und wann übergeben Sie eine Visitenkarte? Wann Visitenkarten zu tauschen sind, ist nicht mehr ganz so klar und unerlässlich wie früher – zum einen geschieht dies heutzutage im Zuge des allgemeinen Understatements etwas unauffälliger und steht nicht mehr direkt zu Beginn im Fokus; zum anderen kommt es sehr darauf an, in welcher Situation Sie sich befinden.

- Bei geschäftlichen Treffen (beispielsweise auf einer Messe) oder einer geschäftlichen Anbahnung/Verhandlung werden üblicherweise Visitenkarten relativ zu Beginn ausgetauscht. Der Zeitpunkt ist am besten gewählt gegen Ende des ersten Small Talks. Der Vorteil eines recht frühzeitigen Austauschs ist, dass alle wissen, mit wem sie es zu tun haben, dass man die Position/Funktion des anderen einordnen und sich seinen Namen besser merken kann.
- Niemals sollten Sie Ihre Karte wahllos unters Volk streuen, auch nicht bei informellen Anlässen wie Firmenempfängen, Seminar- oder Konferenzpausen.

- Bei privateren oder eher informellen Einladungen/Veranstaltungen (beispielsweise auch einer VIP-Veranstaltung, bei der Sie jemanden kennengelernt haben), empfiehlt es sich, Visitenkarten erst gegen Ende zu tauschen – als Zeichen der Wertschätzung für den angenehmen Austausch und als Hinweis, dass man den soeben geknüpften Kontakt gerne fortsetzen möchte.

In jedem Fall signalisiert das Überreichen von Visitenkarten Interesse an einem weiteren Austausch – und dies sollten Sie beim Überreichen auch verbal und nonverbal zum Ausdruck bringen. Daher: Nehmen Sie eine Ihrer Visitenkarten heraus, schauen Sie den anderen an (vgl. Abschn. 2.1.1, Blickkontakt) und reichen Sie sie ihm beispielsweise mit den Worten „Darf ich Ihnen meine Kontaktdaten für einen weiteren Austausch mitgeben? Ich würde mich sehr freuen, wenn wir in Kontakt blieben". Sofern Sie gerne die Kontaktdaten des anderen hätten, er Ihnen aber nicht spontan seine eigene Karte reicht, können Sie in dem Zuge ergänzen: „Ihren Input fand ich sehr interessant und würde gern darauf zurückkommen; dürfte ich dazu eine Kontaktmöglichkeit von Ihnen haben?"

Wenn Sie eine Visitenkarte erhalten. Karten, die man Ihnen überreicht, sollten Sie nicht achtlos wegstecken. Studieren Sie die Karte kurz, um sie anschließend sorgfältig in Ihren Unterlagen zu verstauen. Gehen Sie gerne auf ein Detail der Karte ein, loben Sie beispielsweise die Aufmachung oder fragen Sie nach einer dort angegebenen Abteilungsbezeichnung – das zeugt von Ihrem Interesse und Ihrer Achtsamkeit für Details. Und noch etwas: Eine Karte kommentarlos entgegenzunehmen, ohne die eigene zu überreichen, ist grob unhöflich. Geben Sie folglich (mal wieder das bereits angesprochene Prinzip der Gegenseitigkeit, vgl. Abschn. 7.1.2) dem anderen sogleich auch eine Ihrer Karten.

Sollten Sie Ihrerseits Ihre Visitenkarten vergessen haben, können Sie dem anderen Ihre Daten notieren oder aber (da Sie seine Visitenkarte erhalten haben), Ihre im Nachgang zuschicken, was Ihnen den Vorteil bietet, sich sogleich nochmals in Erinnerung zu bringen.

Tipp: Versehen Sie die erhaltene Visitenkarte mit Notizen zu Ihrer Begegnung, so können Sie sich besser merken, wen Sie bei was kennengelernt haben und was Sie sich zu dieser Person merken wollen (beispielsweise „Tagung abc, haben uns beim Vortrag von XY kennengelernt und über unsere Haustiere gesprochen; ihr Hund heißt Shana. Kooperation könnte interessant werden für Projekt def."). Dies können Sie dann später in Ihr elektronisches Adressbuch übertragen und bei einem Wiedersehen oder einer Kontaktaufnahme schnell nachsehen und aufgreifen.

7.3 Der Verlauf

Im Verlauf eines Treffens stehen neben dem Small Talk vor allem die richtigen Umgangsformen im Fokus. Vielleicht denken Sie nun „Gibt es letztere denn heute noch?" Ja, die Frage ist berechtigt, doch einige Umgangsformen sind tatsächlich nach wie vor sehr relevant, denn sie entscheiden darüber, ob Wohlbefinden und eine gelungene Atmosphäre eintreten oder nicht. Nachstehend finden Sie die wichtigsten Aspekte im Überblick.

7.3.1 Seien Sie zuvorkommend!

Unabhängig von allen weiteren Benimmregeln machen Sie – als Gast und insbesondere als Gastgeber – einen guten Eindruck, wenn Sie auf die anderen Anwesenden achten und dadurch zuvorkommend handeln können. Zu-vor-kommen bedeutet zu erahnen, was der andere möchte, und es bereits zu tun, bevor er es verlangt. Ein zuvorkommender Mensch signalisiert, dass er sowohl Interesse und Gespür für andere Menschen und ihre Bedürfnisse hat als auch in der Lage ist, diese zu erfüllen. Ein Geschäftspartner, der diese Fähigkeiten mitbringt, ist sicherlich gern gesehen. Nutzen Sie diese Möglichkeit, Ihren Gästen ein Gefühl des Wohlbefindens und „gut aufgehoben Seins" zu vermitteln.

Für den Gastgeber bei Tisch beinhaltet dies beispielsweise, dass er seinen Gästen *Brot und Wasser reicht* oder – so Wasserflaschen auf dem Tisch stehen – ihnen ungefragt nachschenkt (als Gast tun Sie Letzteres nicht). Wenn es keinen expliziten Gastgeber gibt (beispielsweise ein Clubtreffen der Rotarier oder Lions) oder aber eine große Gesellschaft ist, dann schenken auch Sie als Gast gerne den anderen Gästen am Tisch Wasser ein/nach (bis etwa 6 Personen).

Höflichkeit und Wertschätzung (oder eben auch das Gegenteil) drücken Sie bereits dadurch aus, wie Sie mit *Gedeck und Tischdekoration* umgehen. Leider sieht man immer wieder, dass, am Tisch angekommen, erst einmal Gedeck oder Tischdekoration zur Seite geschoben werden. Bedenken Sie, dass Ihnen diese unbedachte Geste leicht als Respektlosigkeit gegenüber Arbeit und Mühen anderer Personen – in diesem Fall des Gastgebers bzw. des Restaurants – ausgelegt werden kann. Es besteht keinerlei Anlass, außer Serviette, Brotteller und Wasserglas etwas zu benutzen, bis die Speisen kommen. Wenig Bewegung bringt an dieser Stelle Ruhe und Gelassenheit an den Tisch. Lassen Sie deshalb Gedeck und Tischdekoration unberührt und machen Sie lieber eine lobende Bemerkung zu dem schönen Arrangement.

In Abschn. 2.1.1 wurde bereits berichtet, dass die Körperhaltung – als nonverbales Signal – wesentlich dazu beiträgt, welchen Gesamteindruck Sie bei anderen Menschen hinterlassen. Zeigen Sie deshalb am Tisch „Rückgrat", indem Sie *aufrecht und gerade sitzen*. Lümmeln oder fläzen lässt leicht den Eindruck von Energie- und Disziplinlosigkeit entstehen. Und nicht zuletzt – achten Sie darauf, dass Sie *nicht zu viel reden*. Ein hilfreiches Indiz dafür könnte sein, dass alle anderen Gäste schon fertig sind und nur Sie noch essen.

7.3.2 Das Miteinander Anstoßen

Wie beim Essen gilt auch beim Wein oder Aperitif: Der *Gastgeber* gibt das Zeichen zum Start. Dazu warten Sie als Gastgeber, bis alle Gäste bedient sind (und sofern Sie in einem Lokal sind bzw. einen Service haben: bis der Service den Tisch verlassen hat), und heben dann Ihr Glas zum Gruß, gegebenenfalls in Richtung einer bestimmten Person, an die Sie Ihren Gruß besonders richten wollen. Ansonsten blicken Sie einfach in die Runde, nicken kurz und nehmen dann einen Schluck. Auch ein freundliches „Auf Ihr Wohl!" oder „Auf einen schönen Abend!" ist durchaus passend.

Als *Gast* erwidern Sie den Gruß – je nachdem mit einem (nonverbalen) „Nicken" oder einem (verbalen) „Auf das Ihre". An diesem Ritual nehmen Sie als Gast und als Gastgeber genauso teil, auch wenn Sie „nur" Wasser trinken. Dieses kleine Ritual können Sie als Gastgeber nach jedem Weinwechsel wiederholen: Beim ersten Wein wäre es auf jeden Fall gut, es zu berücksichtigen.

Wie sieht es mit dem guten alten „Anstoßen" aus? In der Bar um die Ecke, bei einem Absacker nach getaner Arbeit, wäre es sehr passend anzustoßen; im Restaurant mit einem teuren Wein hingegen nicht (siehe Kasten). Höflichkeit und Wertschätzung verbieten es selbstverständlich, Ihre Gäste zu belehren, sollten diese mit Ihnen anstoßen wollen. Bringt Ihnen jemand das Glas „zum Anstoßen" entgegen, machen Sie mit – aber möglichst leise und vorsichtig.

> **Trinken**
> IN: nicken; „Auf einen schönen Abend", „Auf Ihr Wohl".
> OUT: Floskeln wie „Prosit", „Prost" oder „Wohl sein".
>
> **Essen**
> IN: „Lassen Sie uns beginnen" oder „Genießen Sie Ihr Essen".
> OUT: „Mahlzeit!". „Guten Appetit!" ist nicht ganz so out, wirkt aber wenig elegant und ist daher ebenfalls nicht zu bevorzugen.

7.3.3 Den Service rufen

Bei einem gesetzten Essen (also am Tisch) ruft der Gastgeber den Service; als Gast ist der Gastgeber Ihr Ansprechpartner in allen Fragen. Als Gastgeber suchen Sie dazu Blickkontakt mit dem Servicepersonal und geben – so nicht schon auf den Blickkontakt eine Reaktion erfolgt – ein Handzeichen, indem Sie Ihre Hand ungefähr auf Schulterhöhe anheben. Sollte der Service daraufhin nicht signalisieren, dass er auf dem Weg zu Ihnen ist, rufen Sie den Servicemitarbeitenden bevorzugt mit seinem Namen (Vorname und „Sie") oder mit einem fragenden „Entschuldigen Sie bitte?". Ebenso wenig wie Sie eine Sekretärin mit „Frau Sekretärin", sondern nur mit ihrem Namen anreden, würden Sie Restaurantmitarbeitende mit „Herr Kellner" oder „Herr Ober" herbeirufen. Um den oder die ServicemitarbeiterIn angemessen ansprechen zu können, benötigen Sie natürlich deren Namen. Diese bringen Sie ganz einfach in Erfahrung, indem Sie bereits beim Eintreffen danach fragen.

7.3.4 Vom Tisch aufstehen

Aus welchen Gründen auch immer Sie kurz vom Tisch aufstehen möchten – es kommt auf das Wie an. Einfach unvermittelt aufzustehen und ohne ein Wort wegzugehen, wird als unhöflich empfunden und lässt den Rest der Gesellschaft möglicherweise irritiert zurück. Die „Verlassenen" könnten sich fragen: „Interessiert ihn meine Erzählung nicht?", „Muss sie ganz weg oder kommt sie gleich wieder?" oder „Soll ich warten mit dem, was ich gerade erzählen wollte?" Umgehen Sie solche Irritationen, indem Sie Wann und Wie geschickt wählen. (Im Falle eines Stehempfangs können Sie die Gruppe selbstverständlich immer wieder verlassen und sich woanders dazu gesellen; siehe Small Talk beenden, Abschn. 4.2).

Wenn Sie den Tisch verlassen wollen, denken Sie daran, vorher Ihre Serviette von Ihrem Schoß zu nehmen. Legen Sie sie als schmales Rechteck gefaltet auf die linke Seite Ihres Gedecks. Dann warten Sie auf einen passenden Gesprächsmoment, richten ein entschuldigendes Wort an Ihre Nachbarn („Entschuldigen Sie mich bitte für einen Moment?"), schieben Ihren Stuhl ein Stück zurück, stehen auf und verlassen den Tisch. Selbstverständlich gedulden Sie sich noch einen Moment, wenn einer der anderen Gäste mitten in einer spannenden Erzählung ist oder Ihr Gegenüber gar auf eine Antwort von Ihnen wartet.

Neben Höflichkeit ist hier Diskretion angesagt – keiner muss wissen, wohin Sie gehen. Auch wenn es kein

Geheimnis ist, dass Menschen selbst im Restaurant ab und zu die Toilette aufsuchen müssen, so ist es dennoch vollkommen unnötig, dies auszusprechen. Vermeiden Sie Worte wie „Toilette" oder „WC". Abgesehen davon gibt es noch diverse andere Anlässe, für die man vom Tisch aufstehen möchte, wie beispielsweise ein kurzes Telefonat oder um als Gastgeber die Rechnung zu begleichen (vgl. Abschn. 7.4.1).

7.3.5 Reklamation – wenn das Essen nicht schmeckt

Ihr Umgang mit der Reklamation spricht für alle Anwesenden Bände, denn es gibt Hinweise darauf, wie Sie ganz allgemein mit Fehlern und Schwierigkeiten umgehen und wie eine Zusammenarbeit mit Ihnen verlaufen würde. Seien Sie sich dieser Signalwirkung bewusst und zeigen Sie dem Service gegenüber sachliche Klarheit (beispielsweise „Wären Sie bitte so nett, das Gericht zu tauschen?!") gepaart mit Verständnis und menschlichem Wohlwollen (beispielsweise „Fehler können überall passieren").

Wann wird reklamiert? Der wohl häufigste Grund für eine Reklamation im Restaurant besteht darin, dass das Essen nicht schmeckt. Hier ist jedoch eine wichtige Unterscheidung zu machen: Qualitative Mängel (beispielsweise wenn ein Fischfilet unangenehm „fischig" riecht) sind selbstverständlich zu reklamieren. Wenn das Essen jedoch qualitativ in Ordnung ist und nur nicht Ihren persönlichen Geschmack trifft, ist eine Reklamation nicht angebracht. Lassen Sie in diesem Fall einfach stehen, was Ihnen nicht schmeckt. Stoßen Sie nicht ein Gespräch in Richtung des „schlechten Essens" an – ist es einhellige Meinung, dürfen Sie mitreden, sollten aber weder ein

Lästern in Gang setzen noch dieses pushen, denn auch hier gilt: Je eleganter und feiner Sie sich verhalten, desto besser für Ihr Image.

Wer reklamiert? Reklamationen sind Aufgabe des Gastgebers. Als Gast wenden Sie sich entsprechend nicht selbst an der Servicepersonal, sondern informieren Ihren Gastgeber, dass Ihr Essen nicht in Ordnung ist. Einzige Ausnahme: Wenn Sie zum Beispiel aufgrund der Gruppengröße zu weit vom Gastgeber weg sitzen als dass Sie es ihm persönlich sagen könnten, dürfen Sie den Service direkt ansprechen. Sollte es keinen Gastgeber geben, handeln Sie für sich selbst und das möglichst diskret.

Als Gastgeber rufen Sie zum Reklamieren den Service an Ihren Tisch. Teilen Sie kurz mit, was Sie stört, und bitten Sie den Service, das Gericht auszutauschen. Stellen Sie sich darauf ein, dass dies einige Zeit in Anspruch nehmen kann, denn es wird ja frisch zubereitet. In einem guten Restaurant wird Ihnen dieses Gericht nicht berechnet.

7.3.6 Umgang mit Ungenießbarem und Missgeschicken

Was tun mit ungenießbaren Essensbestandteilen?
Ungenießbares (Gräten, Kirsch- oder Olivenkerne und Ähnliches) wird man nach einer einfachen Regel wieder los: Es verlässt den Mund auf gleichem Wege, wie es hineingekommen ist, d. h. Steine von Kirschen, die Sie mit der Hand genommen und gegessen haben, dürfen Sie auch so wieder herausbefördern; haben Sie etwas mit der Gabel gegessen (zum Beispiel Fisch inklusive Gräte), so verwenden Sie auch für den Rückweg der Gräte die

Gabel. Wenn Sie Nahrungsmittel mit ungenießbaren Anteilen essen, ist es geschickt, sich bereits vorher nach einer geeigneten Ablagemöglichkeit umzuschauen bzw. eine solche vom Service beschaffen zu lassen. Prinzipiell wird Ungenießbares niemals auf dem Tisch abgelegt. Verwenden Sie wenn möglich Ihren Brotteller dafür, zur Not den Rand des Tellers, den Sie gerade benutzen.

Missgeschicke
Missgeschicke passieren jedem einmal und genau so sollten Sie auch damit umgehen: Machen Sie vor allem keine Szene draus.

Wenn Sie sich selbst **bekleckern,** tupfen Sie sich dezent mit einer Serviette ab. Ist eine längere Reinigungsaktion nötig, verlassen Sie kurz den Tisch und reinigen Sie sich in den Toilettenräumen.

Sollte jemand anderes in Ihrer Umgebung (mit) betroffen sein, beispielsweise wenn Sie ein Glas verschütten und der Inhalt sich auf die Kleidung Ihres Nachbarn ergießt, ist auf jeden Fall eine sofortige Entschuldigung angebracht. Zeigen Sie Bereitschaft, beim Bereinigen des Missgeschicks behilflich zu sein, indem Sie ihm beispielsweise eine Serviette reichen und oder durch eine Geste den Service zu Hilfe rufen. Hüten Sie sich davor, mit der Serviette das Gegenüber abzutupfen. Das wirkt aufdringlich und ist unter Umständen unangenehmer als der Rotwein auf der Hose. Bieten Sie in jedem Fall an, die Reinigungskosten der Kleidung zu übernehmen. Mit einer entschuldigenden E-Mail am nächsten Tag (und ggf. der Begleichung der Reinigungsrechnung) dürfen Sie den Fall als erledigt ansehen.

Wenn ein Besteckteil oder die Serviette **herunterfällt,** wird es nicht mehr benutzt. Heben Sie es auf, soweit es in Ihrer Reichweite liegt und bitten Sie den nächsten Servicemitarbeitenden, der an Ihrem Tisch vorbeikommt, um Ersatz.

Die berühmte Nudel. Jeder kennt – sei es aus Film oder aus eigener Erfahrung – den Moment, in dem einem bewusst wird, dass man den ganzen Abend wahlweise mit offenem Hosenschlitz, Salat zwischen den Zähnen oder der berühmten Nudel über der Lippe versucht hat, einen möglichst positiven Eindruck zu machen. Werten Sie es als Höflichkeit, dass die übrigen Gäste Sie nicht darauf hingewiesen haben. Sollte Ihr Gegenüber betroffen sein, so weisen Sie ihn niemals in Anwesenheit anderer Gäste darauf hin. Versuchen Sie, ganz normal mit dem Betroffenen umzugehen, um ihn nicht in Verlegenheit zu bringen. In einem passenden Moment (beispielsweise abseits der Gruppe oder in den Waschräumen) dürfen Sie ihn jedoch gerne höflich auf sein Missgeschick hinweisen.

Niesen, Husten, Aufstoßen und Verschlucken. Auch bei diesen nur allzu menschlichen Regungen gilt wieder: Diskretion ist alles.

- Ein *Niesen* können Sie nicht verhindern. Halten Sie aber unbedingt ein Taschentuch oder Ihren Ellbogen vors Gesicht, nicht jedoch die Serviette. Zum anschließenden Schnäuzen verlassen Sie den Tisch in Richtung Toilette – schon um sicherzustellen, dass alle Spuren beseitigt sind.
- Für das *Husten* gilt prinzipiell dasselbe. Allerdings dürfen Sie hier auch die Serviette benutzen. Halten Sie diese dabei diskret mit einer Hand vor den Mund und bitten Sie bei nächster Gelegenheit den Service, Ihnen eine neue Serviette zu bringen.
- Lässt sich ein *Aufstoßen* nicht vermeiden, tun Sie das leise und hinter der Serviette.
- Beim *Verschlucken* reicht oft schon ein Schluck Wasser zur Lösung des Problems. Erregen Sie auf gar keinen Fall so viel Aufmerksamkeit, dass man sich veranlasst

fühlen muss, Ihnen zu helfen. Ebenso wäre davon abzusehen, Ihrem Nachbarn auf den Rücken zu klopfen, wenn dieser sich verschluckt hat.
- Um in solchen Fällen möglichst wenig Aufmerksamkeit zu erregen gilt es, als Betroffener und auch als Außenstehender jegliche Kommentare zu unterlassen. Aus diesem Grund lässt man auch ein über den Tisch gesagtes „Gesundheit!" einfach weg. Wird Ihnen jedoch ein „Gesundheit!" entgegengebracht, so bedanken Sie sich (es schweigend hinzunehmen, wäre unhöflich).

Zahnstocher benutzen Sie immer mit der Hand vor dem Mund. Sie sollten dazu allerdings den Tisch in Richtung Toilette verlassen, denn nicht alle Menschen mögen es, wenn sich andere in ihrer Gegenwart mit ihren Zähnen beschäftigen. In vielen Restaurants gibt es aus diesem Grund in den Toilettenräumen auch Zahnstocher bzw. Sie können diese auf dem Weg dorthin beim Service erbitten.

7.4 Das Ende/Der Abschluss

„Der Anfang trägt, das Ende haftet!" Für den Eindruck, der bei den anderen Beteiligten haften bleibt, ist das Ende in besonderem Maße entscheidend (sog. Recency-Effekt; Haughtvedt & Wegener 1994; Miller & Campbell, 1959). Für einen guten und souveränen Eindruck ist deshalb ein souveränes Handeln im letzten Abschnitt der Veranstaltung ganz entscheidend. Dazu gehört sowohl, dass Sie als Gastgeber das Ganze zum richtigen Zeitpunkt beenden, als auch dafür sorgen, dass Ihre Gäste sich bis zum letzten Moment wohl fühlen. Im Hinblick auf die zukünftige Zusammenarbeit mit Ihren Gästen wäre darüber hinaus empfehlenswert, sich Zeit für eine gründliche Nachbereitung des Ganzen zu nehmen.

7.4.1 Die Rechnung

Sofern Sie nicht in Ihren eigenen Räumen sind, ist üblicherweise am Ende des Abends eine Rechnung zu begleichen. Wer diese übernimmt, wurde in Abschn. 7.1.2 bereits ausgeführt.

Sofern Sie der zahlende Gastgeber sind, gilt als wichtigste Regel: Begleichen Sie die Rechnung nicht am Tisch. Dies gilt insbesondere, wenn Sie bar bezahlen. Erstens macht es einen eigenartigen Eindruck, wenn Sie mit Bündeln von Geldscheinen hantieren, zum anderen können Sie vor den Augen Ihrer Gäste nicht so frei agieren, wenn Sie auf Fehler in der Rechnung hinweisen müssen oder das Trinkgeld festlegen.

Verlassen Sie daher zum Bezahlen den Tisch und begeben Sie sich zum zuständigen Servicemitarbeitenden. Wenn Sie mit der Bitte um Ihre Rechnung zu ihm gekommen sind (und er nicht zu Ihnen an den Tisch gerufen wurde), wird er wissen, dass es Ihnen um Diskretion geht. Besonders unkompliziert und am wenigsten störend gestalten Sie das Bezahlen, wenn Sie sich bzw. der Firma die Rechnung zuschicken lassen. Haben Sie dies vorab mit dem Restaurant so geregelt, würde man Ihnen die Rechnung nur noch zur Unterschrift vorlegen. Wenn Sie diese Variante wählen, ist es wichtig, dass Sie dem Restaurant vorab eine Visitenkarte aushändigen (d. h. bei der Reservierung bzw. Vorbesprechung oder bei Ihrem Eintreffen kurz vor dem Essen). Selbstverständlich können Sie auch mit Kreditkarte oder bar bezahlen – nur eben bitte nicht am Tisch.

Tipp: Der Moment, in dem Sie zum Bezahlen den Service aufsuchen, eignet sich perfekt, um ein Taxi für Ihre Gäste zu bestellen. Ob diese eines brauchen, bringen Sie in Erfahrung, bevor sie sich vom Tisch erheben. Nutzen Sie also die Gelegenheit, und erledigen das Bezahlen sowie das Bestellen der Taxen ganz unauffällig in einem Aufwasch.

7.4.2 Das Ende einleiten

Auch beim Beenden haben Sie wieder zwei Ebenen zu beachten: die reinen Umgangsformen und die von Ihnen erwartete Rollenerfüllung einerseits sowie die psychologisch-inhaltliche Ebene andererseits. Für letztere gilt: Bevor Sie als Gastgeber die Veranstaltung auflösen, gehen Sie im Kopf kurz durch, ob alle wichtigen Punkte besprochen wurden. Als Gast wie als Gastgeber sollten Sie das Ende „rund machen", d. h. ausgleichend sein und eventuelle Wogen glättend, falls es im Laufe der Veranstaltung mal hoch her ging oder der eine oder andere Holper im Gespräch auftrat. Sie können mit ein paar herzlichen Sätzen an dieser Stelle nochmals an einem nachhaltig positiven Eindruck feilen und den anderen mit einem guten (und nicht nur einem neutralen oder sogar unguten) Gefühl zurücklassen – lassen Sie dies nicht ungenutzt. Dies gelingt Ihnen mit dem richtigen Situations-Know-how:

Wer beendet? Gibt es einen expliziten Gastgeber, so hat dieser seine Gäste durch die Veranstaltung geführt und behält somit diese Führungsrolle bis zum Schluss, d. h. bis jeder Gast wieder auf dem Heimweg ist. Entsprechend ist er auch für eine souveräne Beendigung des Ganzen zuständig; bei einem Essen beispielsweise steht er als Erster auf bzw. gibt das Zeichen zum Aufbruch – dem Sie als

Gast selbstverständlich folgen. Bei größeren Gesellschaften dürfen Sie sich als *Gast* auch einzeln und ohne ein Zeichen des Gastgebers abzuwarten verabschieden – aber erst ab dem richtigen Zeitpunkt (siehe nächsten Abschnitt).

Wann ist es Zeit, zum Ende zu kommen? Bei einem gesetzten Essen können Sie sich als Richtwert an die Faustregel halten: „Eine halbe Stunde nach Schnaps und Kaffee ist alles passé" (und wenn es kein gesetztes Essen ist oder es keinen Espresso gibt, dann nach dem Dessert) – ab dann dürfen Sie als Gast gehen bzw. wird es für den *Gastgeber* langsam Zeit, das Ende einzuleiten.

Denken Sie bei Mittagsveranstaltungen daran, dass Ihre Gäste vermutlich im Anschluss noch Termine haben, und kommen Sie auf jeden Fall relativ zügig zum Ende. Bei Abendveranstaltungen ist es wichtig zu wissen, wie lange Ihre Gäste den Abend genießen bzw. ab wann das Essen hier zur Belastung führt. Achten Sie auch hier darauf, nichts *unnötig* in die Länge zu ziehen. Natürlich stellen Sie einen Gast, der noch Fragen hat, nicht den Stuhl vor die Tür. Geht es um einen Projektabschluss, gilt die zuvor genannte Regel nicht. Sehen Sie hier von einer Zeitbegrenzung ab – das Essen sollte so lange dauern dürfen wie die Feier oder Stimmung es zulassen.

Wie beendet man? Einleiten können Sie als *Gastgeber* den Abschied, indem Sie beispielsweise sagen: „Zum Abschluss noch …" oder „Darf ich Ihnen noch einen letzten Drink anbieten, bevor wir uns auf den Weg machen?" Sofern es sich inhaltlich anbietet, können Sie zum Beenden auch das Gesprächsthema auf geplante Folgeaktivitäten lenken. Ein weiteres gutes Signal zum Aufbruch ist die Frage, wem Sie ein Taxi bestellen dürfen bzw. wenn der Service Sie darüber informiert, dass das bereits vorbestellte Taxi eingetroffen ist.

Als *Gast* haben Sie sich vermutlich schon des Öfteren einmal gefragt, von wem Sie sich in welcher Konstellation wie verabschieden sollten – vor allem, ohne dass Sie bewirken, dass sich daraufhin die ganze Party/Gesellschaft auflöst. Also: An einem Dinner mit mehreren Tischen oder einer größeren Runde warten Sie bis „nach dem Kaffee" (siehe oben), dann dürfen Sie sich verabschieden, aber bitte ohne Ihren Gastgeber aus einem Gespräch zu reißen. Warten Sie auf eine gute Gelegenheit oder Gesprächspause, wenden Sie sich ihm dann zu, anschließend in die Runde nickend. Sitzt der Gastgeber nicht in Ihrer Runde, grüßen Sie verabschiedend in die Runde und gehen dann zum Gastgeber hinüber. Sind Sie auf einer größeren Veranstaltung (beispielsweise Stehempfang), verabschieden Sie sich nur vom Gastgeber. Ihr Aufbruch sollte nicht zu viel Aufmerksamkeit erhalten, sondern möglichst „geräuschlos" vonstattengehen, um eben die Gesamtrunde nicht zu beeinträchtigen oder eine allgemeine Aufbruchsstimmung auszulösen.

Selbstverständlich verabschieden Sie sich von Ihrem Gastgeber mit einem Dank („Ich darf mich an dieser Stelle verabschieden. Es war mir eine Ehre/Sie haben uns einen sehr vergnüglichen Abend bereitet. Danke für die wunderbare Einladung."). Sie müssen keinen Grund für Ihren Aufbruch angeben, können aber natürlich durchaus einen nennen (beispielsweise auf einen wichtigen Termin wie eine morgige Geschäftsreise verweisen oder auf den zuhause abzulösenden Babysitter).

7.4.3 Der Weg nach draußen – vom Umgang mit Garderobe und Tür

In einer guten Lokalität wird das Serviceteam bemerken, dass Sie aufgestanden sind und Ihnen Ihre Garderobe reichen.

Sollte das nicht der Fall sein oder Sie in privaten Räumen feiern, übernimmt auch hier der Gastgeber diese Rolle selbst. Als Gastgeber müssen Sie diesen Service natürlich nicht zwingend jedem Gast aufdrängen – seien Sie einfach aufmerksam und stehen Sie jederzeit hilfreich zur Verfügung. Und als Gast: Lassen Sie sich helfen! Für Herren gilt an dieser Stelle: Lassen auch Sie sich in die Garderobe helfen. Es ist nett gemeint und wird nicht als unmännlich angesehen.

Die Garderobentechnik
Der Helfende steht dazu hinter dem Gast und hat den Mantel mit der Innenseite geöffnet etwa auf Schulterhöhe dessen, dem er in das Kleidungsstück helfen will. Als Gast stehen Sie mit dem Rücken zu Ihrem Helfer und lassen Ihre Arme einfach locker und leicht nach hinten gerichtet hängen. Der Helfer reicht Ihnen nun den rechten Ärmel (indem er die Öffnung für den rechten Arm auf Höhe der wartenden Hand bewegt), in den Sie *nur* mit der Hand eintauchen. Dasselbe folgt jetzt auf der anderen Seite. Wenn Sie weiterhin die Arme locker nach unten hängen lassen, kann Ihnen Ihr Helfer nun den Mantel ganz einfach nach oben auf Ihre Schultern ziehen und dort ablegen.

Das Aufhalten der Tür
Üblicherweise hält der Gastgeber seinen Gästen die Tür auf. Ebenso wie das Abnehmen der Garderobe wirkt das Türaufhalten als eher unbedeutendes Detail – doch wiederum gilt auch hier zu wissen, wie es technisch abläuft, um es entsprechend unauffällig tun zu können.

Wem wird wann die Tür aufgehalten? Sofern Sie nur *einen* Gast haben, ist es selbstverständlich, dass Sie als Gastgeber diesem die Tür aufhalten – immer vorausgesetzt, der Service übernimmt das Türaufhalten nicht.

Haben Sie jedoch eine *Gruppe* von Gästen, halten Sie (oder einer Ihrer Mitarbeitenden) allen Gästen die Tür auf. Sollten Sie gerade in ein Gespräch mit Ihrem Hauptgast vertieft sein, können Sie entweder nur diesem die Tür aufhalten oder aber das Gespräch unterbrechen, um allen diesen Service zukommen zu lassen.

Wie wird die Tür aufgehalten? Damit Sie eine Tür richtig öffnen können, sollte sich Ihr Gast auf die Türklinken-, Sie selbst sich auf die Türangelseite bewegen. Auf diese Weise versperren Sie Ihrem Gast nicht mit dem Arm den Weg und bewahren ihn zudem davor, unter Ihrem Arm hindurchlaufen zu müssen. Um die Tür rechtzeitig öffnen zu können, halten Sie sich einen halben Schritt vor Ihrem Gast.

Ist die Tür nach *innen* zu öffnen, lassen Sie Ihren Gast zuerst durch die Türöffnung gehen. Ist die Tür nach *außen* zu öffnen, bleiben Sie hingegen in der Tür stehen und lassen Ihren Gast an Ihnen vorbei hinausgehen. Sollte die Tür breiter sein als Ihr Arm lang, lassen Sie einfach den Türgriff los und halten die Tür mit dem gestreckten Arm auf. Sollte der Eingangsbereich vor der Tür für zwei Personen zu schmal sein, öffnen Sie die Tür vor Ihrem Gast, gehen hindurch und warten neben der Tür, die Sie immer noch aufhalten, bis Ihr Gast hindurchgegangen ist.

Haben die Räumlichkeiten (wie es in manchen Restaurants der Fall ist) zwei Türen hintereinander, verfahren Sie prinzipiell mit jeder Tür einzeln wie oben beschrieben. Wenn die Türen in verschiedene Richtungen zu öffnen sind, ist es wichtig, dass Sie nach der ersten Tür hinter Ihrem Gast die Seite wechseln. Sollte der Raum zwischen den beiden Türen sehr eng sein, treten Sie durch die erste Tür und halten diese nach dem Durchgehen auf. Dann öffnen Sie die zweite Tür und lassen ihn vorgehen. Reicht der Platz auch dafür nicht aus, treten Sie wiederum zuerst durch die Tür, lassen Ihrem Gast im Anschluss aber den Vortritt.

Wie verhält sich der Gast? In der Rolle des Gastes ist Ihre einzige Aufgabe, nicht im Weg zu stehen: Lassen Sie den Gastgeber den erforderlichen halben Schritt vorausgehen und begeben Sie sich in die Position, die ihm das Öffnen erleichtert – auf die Seite der Türklinke.

7.4.4 Verabschiedung

Sie haben nun die letzten Minuten mit Ihren Gästen vor sich. Psychologisch betrachtet beinhalten diese noch ein großes Potenzial, da das Ende, wie zu Anfang dieses Abschnitts bereits erwähnt, besonders gut haftet. Überlassen Sie den Abschluss nicht dem Zufall, sondern gestalten Sie ihn ganz bewusst! Ein entsprechend guter letzte Eindruck gelingt Ihnen als **Gastgeber,** wenn Sie in Ihrer Verabschiedung …

1. dem Gast gegenüber zunächst noch einmal Ihre Wertschätzung ausdrücken (beispielsweise „Es war schön, mich mit Ihnen auszutauschen."),
2. dann einen positiven Ausblick auf die zukünftige Zusammenarbeit geben (beispielsweise „Ich freue mich auf unser nächstes Treffen in Frankfurt" oder „Ich rufe Sie dann wie versprochen am Montag an.").
3. und nun wieder in die Gegenwart zurückkehren (beispielsweise „An dieser Stelle erst einmal auf Wiedersehen und eine gute Heimfahrt.").

Verabschieden können Sie Ihre Gäste im Empfangsbereich oder auch draußen, wenn es keinen solchen hat. Falls Sie ein bzw. mehrere Taxen bestellt haben, sollte zumindest das erste zu diesem Zeitpunkt schon da sein, denn sonst hätten Sie nicht vom Tisch aufstehen müssen. Selbstverständlich leisten Sie Ihren Gästen noch so lange Gesellschaft, bis sie *alle* abgeholt wurden oder weggefahren sind. Als Gastgeber verlassen Sie als letzter Ihrer Gruppe das Restaurant und bedanken sich dabei beim Servicepersonal („Haben Sie herzlichen Dank für den rundum gelungenen Abend und den aufmerksamen Service.").

Auch **als Gast** können Sie die entscheidenden letzten Minuten nutzen, um Ihrem Gastgeber in guter Erinnerung zu bleiben. Bedanken Sie sich für die Einladung und das interessante Gespräch oder Meeting.

7.4.5 Nachbereitung

Das jeweilige Socializing Event ist in vielen Fällen nur *ein* Meilenstein im Rahmen einer längeren Zusammenarbeit bzw. auf dem Weg zu einem bestimmten Ziel hin – das nächste Zusammentreffen kommt also bestimmt. Nutzen Sie daher das gerade beendete Zusammentreffen und lernen Sie daraus für den nächsten Kontakt. Tun Sie dies möglichst zeitnah nach dem Treffen, dann ist die Erinnerung noch frisch, d. h. am vollständigsten und am unverfälschtesten.

Sowohl als Gastgeber als auch als Gast ist es strategisch sinnvoll, sich eventuelle Vorlieben oder Abneigungen der Beteiligten zu notieren (so genanntes „Faktenbuch zum Kunden"), beispielsweise deren spezielle kulinarische Vorlieben. So können Sie bei entsprechender Gelegenheit positiv in Erinnerung treten, indem Sie Ihrem Gast beispielsweise den Wein, der ihm so gut geschmeckt hat, als Aufmerksamkeit zukommen lassen.

Sollten Sie zu den Menschen gehören, die regelmäßig vergessen, was man Ihnen erzählt hat bzw. was Sie selbst bereits an Geschichten zum Besten gegeben haben, so notieren Sie sich auch diese Inhalte (beispielsweise Anzahl und Alter der Kinder, Heimatort, Hobbies Ihrer Gäste). Es ist keine Schande, sich mit solchen Erinnerungsstützen zu behelfen, aber es ist ein Jammer, wenn Sie als schlechter Zuhörer und oder als Langweiler, der immer wieder die gleichen Geschichten auftischt, wahrgenommen werden. Schaffen Sie sich daher Rahmenbedingungen, unter denen Sie gut sein können!

Neben dieser „gastspezifischen" Nachbereitung können Sie jede dieser Veranstaltungen nutzen, um ganz allgemein Ihr Vorgehen bei solchen Events zu verbessern. Reflektieren Sie deshalb, was gut und was weniger gut abgelaufen ist und worauf Sie das nächste Mal besser achten sollten. Fragen Sie sich dazu beispielsweise, ob jeder Anwesende ausreichend zu Wort gekommen ist, ob Sie womöglich selbst jemanden ins Wort gefallen sind, ob Sie mit möglichst jedem ein paar Worte gewechselt haben, was peinliche Momente waren und wie man diese besser hätte bewältigen können oder wie die Stimmung beim rein geschäftlichen Part war. So ein Rückblick fällt schwer, wenn man zu viel getrunken hat. Auch deshalb ist es wichtig, Alkohol nur in Maßen zu sich zu nehmen.

7.5 Take-Home-Message

Events, die Spaß machen und für alle genussvoll ablaufen, sind ohne Zweifel erfolgreicher. Zwei Dinge sind dabei entscheidend: Ein Methodenwissen, welches Sie in die Lage versetzt, sich zeit- und anlassgemäß einwandfrei zu benehmen sowie psychologisches Hintergrundwissen, um sich strategisch sinnvoll zu verhalten. Damit sind Sie perfekt gerüstet.

Nutzen Sie die Möglichkeiten, die sich Ihnen durch eine gute Vorbereitung und eine grundsätzlich zuvorkommende Haltung bieten. Kenntnisse bezüglich des Ablaufs eines Geschäftsessens, der damit verbundenen Aufgaben und nötigen „Werkzeuge" sowie der Wirkung Ihres Handelns versetzen Sie in die Lage, ein Socializing Event aktiv zu gestalten und strategisch zu steuern. Damit tragen sie entscheidend zu Ihrem Erfolg bei.

Nehmen Sie die Chance war, derjenige zu sein, in dessen Gesellschaft man sich gut aufgehoben fühlt, dessen gute Location-Wahl unvergessen bleibt, der sich vielleicht sogar positiv dadurch von anderen abhebt, weil er seinem Gast den Wein, der ihm so gut geschmeckt hat, nach Hause schickt. Ihr Geschäftspartner wird Ihnen gerne wieder begegnen wollen!

Und erfahren Sie nun, wie Sie das entsprechende Networking bei einem solchen Event souverän gestalten können.

Literatur

Chaplin, W. F., Phillips, J. B., Brown, J. D., Clanton, N. R., & Stein, J. L. (2000). Handshaking, gender, personality, and first impressions. *Journal of personality and social psychology, 79*(1), 110.

Cialdini, R. B., Green, B. L., & Rusch, A. J. (1992). When tactical pronouncements of change become real change: The case of reciprocal persuasion. *Journal of Personality and Social Psychology, 63*(1), 30.

Haugtvedt, C. P., & Wegener, D. T. (1994). Message order effects in persuasion: An attitude strength perspective. *Journal of Consumer Research, 21*(1), 205–218.

Miller, N., & Campbell, D. T. (1959). Recency and primacy in persuasion as a function of the timing of speeches and measurements. *The Journal of Abnormal and Social Psychology, 59*(1), 1.

Uehara, E. S. (1995). Reciprocity reconsidered: Gouldner's moral norm of reciprocity'and social support. *Journal of Social and Personal Relationships, 12*(4), 483–502.

Werth L., Denzler M., & Mayer J. (2020). *Soziale Wahrnehmung. In: Sozialpsychologie – Das Individuum im sozialen Kontext.* Berlin: Springer.

Werth, L., & Thum, C. (2007). *Geschäftsessen souverän gestalten.* Spektrum Akademischer Verlag.

Whatley, M. A., Webster, J. M., Smith, R. H., & Rhodes, A. (1999). The effect of a favor on public and private compliance: How internalized is the norm of reciprocity? *Basic and Applied Social Psychology, 21*(3), 251–259.

8

Networking betreiben

> **Life Piece**
>
> Kennen Sie auch den Fall, dass Sie auf LinkedIn, Xing oder Facebook angeschrieben werden von jemanden, den Sie überhaupt nicht kennen und der sich mit folgenden Worten an Sie wendet: „Hallo Lioba, du hast ein spannendes Profil. Ich interessiere mich übrigens auch für Kunst, genau wie du. Hauptberuflich bin ich übrigens ebenfalls Coach und ich glaube, wir könnten uns sehr gut ergänzen, denn ich habe meine Schwerpunkte in ABC, bereits die und die großartigen Kunden 1a betreut, was ja sehr gut zu deiner Firma passt. Anbei sende ich dir meinen Lebenslauf – lass uns die Tage mal telefonieren. Ich melde mich!"
>
> Was ist hier passiert? Ein miserabler Networking-Versuch! Networking heißt nicht, jemanden einfach zu kontaktieren und stillos vorzugehen (Fehler Nr. 1: ungefragt geduzt, Fehler Nr. 2: mit der Tür ins Haus gefallen und Fehler Nr. 3: sich aufgedrängt). Networking kann dann gelingen, wenn Sie behutsam, niveauvoll und verlässlich agieren.

© Der/die Autor(en), exklusiv lizenziert an Springer-Verlag GmbH, DE, ein Teil von Springer Nature 2022
L. Werth und C. Thum, *Erfolgsfaktor Socializing*,
https://doi.org/10.1007/978-3-662-64885-8_8

Während es beim Socializen um die Kontaktaufnahme, um das In-Kontakt-Kommen geht (siehe Kap. 1), umfasst das Networking die darauf folgende Kunst – nämlich aus diesen Kontakten die geeigneten auszuwählen und auch längerfristig etwas aus ihnen zu machen – ein Netzwerk aufzubauen.

Networking ist heutzutage wichtiger als je zuvor, weil wir immer anonymer aufwachsen und leben und nicht mehr auf natürliche Weise in Netzwerke hineingeboren werden. Was früher einmal die lokale Dorfgemeinschaft war, die sich selbstverständlich half, ist heute der Anonymität der Großstadt gewichen. Das, was Gemeinschaft ausmacht, hat sich verändert und ist nun aktiv zu kompensieren: Im Laufe unseres Berufslebens müssen wir uns eigenständig Netzwerke aufbauen, indem wir Kontakte, Beziehungen, Gleichgesinnte, Gemeinschaften finden, in und mit denen wir uns wechselseitig helfen und unterstützen. Ohne ein gutes Netzwerk wird es kaum jemandem gelingen, erfolgreich zu sein oder zu bleiben (siehe Abschn. 8.1, Vorteile des Networkings).

Während für einen Manager das Stichwort „Networking" vermutlich ständig im Visier und ihm bewusst ist, dass sein Erfolg durchaus auch davon abhängt, dass ihm das Netzwerken gut gelingt, wird denjenigen unter Ihnen aus anderen Berufen das Thema „Networking" wahrscheinlich deutlich weniger bis gar nicht präsent sein. Dabei würde vermutlich in so ziemlich jedem Beruf der berufliche Erfolg von einem gelungenen Networking profitieren: Heutzutage gilt Networking als Leadership-Kompetenz, Führungskräfte aller Branchen müssen Netzwerke in der eigenen Organisation bespielen, um wirksam agieren zu können und Unternehmen müssen ebenso Verbindungen nach außen knüpfen und nutzen, um sich auf dem Markt gut positionieren zu können (Werth & Steidle, 2021). Gute Socializing-Fähigkeiten sind somit ein elementarer Baustein, um sich ein funktionierendes Netzwerk aufzubauen und aufrechtzuerhalten (Wie letzteres konkret gelingt, finden Sie in Abschn. 8.2).

Um es einmal zu definieren und auf den Punkt zu bringen: Networking bedeutet, Aufbau und Pflege von persönlichen und beruflichen Kontakten zu betreiben. Ziel ist es, über ein Netzwerk von Personen zu verfügen, die zueinander in Beziehungen stehen und sich privat, vor allem aber beruflich unterstützen, helfen, kooperieren, Nutzen stiften (ohne dass dabei Leistung und Nutzen für Dritte, wie beispielsweise Kunden, relevant ist).

8.1 Wovon Sie als Networker profitieren können

„Beziehungen/Netzwerke schaden nur dem, der sie nicht hat", vielleicht kennen Sie diesen Satz. Aus unserer Sicht ist hier viel Wahres dran und so wollen wir Ihnen zunächst aufzeigen, woraus sich dieses vermeintlich negative Image speist. Networking wird immer wieder als „schmutziges Geschäft" dargestellt und mit Begriffen wie Vetternwirtschaft, Vitamin B oder Filz in Verbindung gebracht. Zum Anderen erleben Personen, die von Networking profitieren, teils ungute Gefühle dabei (Casciaro et al., 2014). Letzteres ist auf einen simplen psychologischen Mechanismus zurückzuführen: Wer im Netzwerk einen Gefallen in Anspruch nimmt, begibt sich sozusagen in die „Schuld" des Unterstützers. Nach dem sog. Prinzip der Gegenseitigkeit (vgl. Abschn. 7.1.2) fühlen wir uns nach Inanspruchnahme eines Gefallens dazu verpflichtet, dem anderen ebenfalls einen Gefallen tun zu können. Wird uns dies jedoch verwehrt oder ist es kurzfristig nicht möglich, diesen Gefallen zu erwidern, so entsteht ein unangenehmes Gefühl in uns – wir schulden demjenigen etwas!

Und es kommt noch ein weiteres Paradox hinzu: Wir leben in einer individualistischen Kultur (Scott et al., 2004), d. h. einer Kultur, die das Individuelle (und nicht das Kollektive) betont. Damit ist die Annahme verbreitet, dass wir im Leben auch möglichst alles aus eigener Kraft und gänzlich eigenständig, ohne die Hilfe oder das Zutun anderer schaffen sollten. Doch lohnt es sich, dies ernsthaft zu hinterfragen: Ist es wirklich weniger wert, wenn man „unterstützt" wird und sich vernetzt? Darf Ihnen niemand dabei helfen und Ihnen Verbindungen verschaffen? Eine gegenseitige Unterstützung würde Ihnen gar nichts nehmen, schließlich leisten Sie ja selbst immer noch den entscheidenden Punkt, denn Sie sind derjenige, der den guten Job unter Beweis stellen muss, andernfalls nützt Ihnen auch die beste Verbindung nichts.

Halten wir daher fest: Networking ist kein schmutziges Unterfangen, sondern ein heutzutage notwendiges Vorgehen, um sowohl als Einzelner (Führungskraft, Selbstständiger) als auch als Unternehmen erfolgreich zu sein. Anrüchig oder ungut erscheint uns das Ganze eigentlich nur, wenn wir auftretende Annahmen oder Gefühle fehldeuten und unsererseits das Netzwerk nicht fair (also auf Gegenseitigkeit) bespielen.

Was können Ihnen Netzwerke bieten? (nach Haas, 2020, S. 13 ff.)
Ganz gleich ob virtuell oder analog – die Grundfunktionen von Netzwerken sind in beiden Realitäten dieselben:

Informationsaustausch. Die einfachste Funktion des Netzwerkens ist schlichtweg eine Information zu geben oder zu erhalten – etwas, das Sie sicherlich schon kennen und nutzen. Inwieweit Sie Informationen erhalten, die für Sie erfolgsentscheidend und qualitativ wertvoll sind, hat viel damit zu tun, wie passend Ihr Netzwerk für Sie ist (siehe Abschn. 8.2). Ein erfolgreiches Networking lässt Sie gut informiert sein und das wiederum verschafft Ihnen den immensen Vorteil, frühzeitig von Chancen und Risiken zu erfahren.

Wissens- und Erfahrungstransfer. Networking kann auch einen Schritt mehr bedeuten als nur reinen Informationsaustausch, nämlich dann, wenn Personen Ihr Wissen oder Ihre Erfahrung mitteilen, um Nutzen zu stiften. Hierzu sind beispielsweise Netzwerke einzuordnen, in denen sich Nutzer zu Alltagsthemen austauschen bis hin zu Unternehmen oder auch wissenschaftlichen Sektionen, die sich zusammentun, um gemeinsam von den bisherigen Erfahrungen, Versuchen oder Handlungsoptionen zu profitieren. Beispiele hierfür könnten sein:

- Haustierbesitzer, die sich zum Umgang und Krankheiten ihrer Tiere austauschen
- touristische Betriebe einer Region, die sich zu einem Interessenverband zusammengeschlossen haben
- Mediziner, die aus den zusammengetragenen Erfahrungen und Ergebnissen bestmögliche Behandlungsoptionen für Patienten ableiten.

Ideengewinnung und Horizonterweiterung. Networking bedeutet auch, über den Tellerrand zu blicken und den eigenen Horizont erweitern zu können. Wer nur mit seinesgleichen zusammenhängt, schmort im eigenen Saft. Wer sich aber mit anderen zusammentut, muss sich auch mit deren Inhalten und ihrem Anderssein/-denken auseinandersetzen. Letztendlich beschert uns das wunderbare Irritation und Inspiration, was in uns wiederum das

Potenzial für Neues und Kreatives freisetzt (Abschn. 3.5; Werth & Sedlbauer, 2011, Kapitel Kreativität; Werth & Steidle, 2021). Beispiele sind:

- Sie erfahren möglicherweise, wie jemand, der in vergleichbarer Position zu Ihnen, in einer anderen Branche/Firma tätig ist, die Dinge angeht und können dies anteilig auf Ihre Situation übertragen.
- Sie tauschen sich aus, wie in anderen Bereichen mit einer neuen technologischen Errungenschaft umgegangen wird und bekommen so Impulse, diese auch für Ihre Situation anzudenken.
- Sie hören von Themen, mit denen Sie bislang keine Berührungspunkte hatten und denken sich hier neu ein. Auch wenn Sie hieraus vielleicht nicht unmittelbar etwas ableiten konnten, so haben Sie doch neue Themen kennengelernt und sind durch dieses neue Wissen vielleicht ein spannender(er) Small-Talk-Gesprächspartner geworden (vgl. Abschn. 4.3, Small-Talk-Themen), zumindest aber jemand mit breiterem Horizont als vorher.

Mutmacher. Über eine reine Idee hinausgehend erhalten Sie in Netzwerken so manches Mal den entscheidenden Aufmunterer, den es noch braucht, um endlich etwas anzugehen; sei es als Ermutigung, als Impuls oder auch als „Tritt in den Allerwertesten". Unterschätzen Sie nicht, was Ihnen ein Netzwerk auch an solch emotionaler Unterstützung oder auch Inspiration und konstruktiver Aufbruchs-/Wettbewerbsstimmung bringen kann.

Resonanzboden und Reichweite. Networking verstärkt Ihre Sichtbarkeit, ganz gleich ob als Selbstständige/r am Markt oder als Angestellte/r im Unternehmen. In einem guten Netzwerk können Sie Ihren Bekanntheitsgrad vermutlich schneller und einfacher ausbauen als ohne dieses Netzwerk. Ob es der neue Auftrag, ein neues Jobangebot oder aber neue Bewerber für eine ausgeschriebene Position betrifft, leichter und mit mehr Resonanzwirkung als im Netzwerk wird es vermutlich nicht gehen.

Kontakte hinter den Kontakten. Networking bedeutet auch, Kontakte zu bewerten. Wenn Sie wissen, wer mit wem wie zusammenhängt, wenn Sie empfohlen werden bzw. Empfehlungen erhalten, profitieren Sie immens von Ihrem Netzwerk – vorausgesetzt, es ist ein hochkarätiges. Daher achten Sie sehr darauf, in welchen Netzwerken Sie sich bewegen und mit wem Sie sich assoziieren lassen. Assoziiert man Sie mit positiven Kontakten oder Netzwerken, steigert das Ihr Image (manch einer mag dann gerne in Ihrem Dunstkreis sein und Sie für wichtig und attraktiv halten; vgl. Abschn. 3.2.1); assoziiert man Sie mit den „falschen" (die man beispielsweise für unseriös, unprofessionell oder nicht-integer hält), kann dies Ihr Image verschlechtern und dafür sorgen, dass andere sich von Ihnen zurückziehen.

Erfahren Sie nachfolgend, wie ein gelingendes Networking entstehen und aussehen kann.

8.2 Wie Networking geht

Inwieweit Sie als Netzwerkmitglied in den Genuss der oben genannten Vorteile kommen, wird sowohl davon abhängen, wie gut das Netzwerk als solches funktioniert, als auch davon, wie Sie sich selbst einbringen. Die wichtigsten Aspekte hierzu werden nachfolgend sowohl für allgemeines Networking als auch für den Spezialfall des Networkings in Social Media dargestellt.

8.2.1 Networking – Grundlagen und erste Schritte

Was sind nun die ersten Schritte eines gelingenden Networkings? Was ist zu tun, was zu vermeiden? Es gilt, nicht ein Übermaß an Kontakten zu produzieren, sondern gute (d. h. die richtigen und passenden) sowie funktionierende Kontakte (d. h. solche, die Ihnen die o. g. Funktionen ermöglichen) zu haben und zu pflegen. Wie gelingt Ihnen dies?

Wählen Sie das für Sie strategisch richtige Netzwerk aus. Wie wertvoll ein Netzwerk für Sie sein wird, hat viel damit zu tun, wie passend es für Sie ist. Daher müssen Sie zum einen (strategisch) bedenken, *welches Netzwerk Sie eigentlich brauchen* bzw. wollen, was sein Fokus sein sollte (vgl. Funktionen von Netzwerken in Abschn. 8.1):

- Wofür brauche ich ein Netzwerk? Was fehlt mir aktuell? Was will ich mit dem Netzwerk erreichen, was soll es mir bringen? (beispielsweise einen größeren Freundes- und Bekanntenkreis, mehr berufliche Verbindungen, eine gesellschaftliche oder berufliche Vorreiterstellung, ehrenamtliche Vernetzungen, politische oder gesellschaftliche Beiträge, Hobbies vertiefen, Trends mitbekommen etc.)
- Suche ich ein Netzwerk auf Augenhöhe (in dem Sie sich beispielsweise als Berater bekannter machen können) oder eines, durch das ich „nach oben" wachsen kann? Falls beispielsweise *„looking at the top"* – also Entscheider, CEOs und Vorstände – Ihr Ziel sind, sollte es möglichst exklusiv und hochkarätig besetzt sein und bespielt werden. Die Idee eines solchen Netzwerks ist oft, dass es mehr Vorreiterstellung und Vorsprung ermöglichen kann. Solche „oberen" Netzwerke können im Sinne dieses Ziels sehr wertvoll sein.

- Will ich selbst ein Netzwerk auf die Beine stellen, von dem auch andere profitieren können (beispielsweise Erfahrungsaustausch zu Change Prozessen in der Produktion) oder will ich Teil eines konkreten, bereits bestehenden Netzwerks werden (beispielsweise Mitglied eines Clubs)?
- Über wen oder was (Person, Projekt, Initiative, …) könnte ich Teil des gewählten Netzwerks werden?

Beachten Sie zum anderen aber auch, was *Sie selbst zu diesem Netzwerk sinnstiftend beitragen* können (Was werde ich einbringen müssen/können, welchen Mehrwert für andere werde ich generieren können?), denn wenn Sie sich selbst kaum einbringen können, werden Sie nicht erfolgreich networken können (siehe hierzu den weiter unten stehenden Abschnitt „Investieren Sie!", 70-20-10-Regel).

Suchen Sie die richtigen Kontakte. Doch wer sind die richtigen Kontakte?

- *Die Ähnlichen.* Meist suchen wir Kontakt mit jenen, die uns ähnlich sind, die ähnliche Interessen und Ziele verfolgen wie wir (vgl. auch Sympathie durch Ähnlichkeit, Abschn. 3.2.2). Hier entstehen typischerweise Freundschaften, wir fühlen uns bestätigt und anerkannt, profitieren von den ähnlichen Hintergründen, Erfahrungen und dem Verständnis des anderen.
- *Die Vorbilder.* Darüber hinaus sind aber auch Kontakte mit Menschen für Sie spannend und sinnvoll, die bereits dort sind, wo Sie noch hinwollen, die Vorbilder, Mentoren oder Ihre Vorgesetzten sind. Diese Menschen besitzen viele Erfahrungen und Insiderwissen, von denen Sie vielleicht profitieren könnten. Fragen Sie diese Menschen zu ihrem Weg, Vorgehen, Sichtweisen, um von ihnen zu lernen. Solche sog. Rollenmodelle sind eine unschätzbare Lernquelle (Gibson, 2004).

- *Die Wichtigen.* Und dann mag es noch all jene geben, die einfach auf Ihrem Weg wichtig sind oder sein werden, die Weichensteller, Multiplikatoren oder Entscheider, die Sie sprichwörtlich im Boot brauchen. Wenn Sie zu diesen nahe Verbindungen haben, werden Sie möglicherweise frühzeitig wichtige Informationen erhalten, mit eingebunden in bestimmte Prozesse oder können Ihrerseits diese einbinden und für Ihre Ideen gewinnen. Bedenken Sie: Nähe, also auch Häufigkeit des Kontakts ist hier ein wichtiger Schlüssel, um nicht in Vergessenheit zu geraten bzw. am Puls des Geschehens zu sein. Hierunter fallen beispielsweise auch Veranstalter, die für Sie möglicherweise wichtige Events ausrichten – halten Sie zu diesen Kontakt, bringen Sie sich diesen rechtzeitig in Erinnerung und damit ins Gespräch für einen Vortrag oder eine andere für Sie attraktive Aktion (Vergleichbares gilt für Pressekontakte).

Bespielen Sie Netzwerke kundenorientiert – also entsprechend der Interessen, Bedarfe und Situationen ihrer Mitglieder. Fragen Sie sich dafür beispielsweise

- Was könnte für die Mitglieder dieses Netzwerks interessant/überraschend sein?
- Was bekommen sie anderswo nicht?
- Welchen Unterschied kann ich für sie machen?
- Worauf darf ich nicht verzichten, was muss ich „liefern", damit sie das Netzwerk nutzen, meine Beiträge aufgreifen oder mich als wertvolles Mitglied erleben?

Betreiben Sie eine kontinuierliche Kontaktpflege. Zum Networken reicht es nicht, lediglich Visitenkarten zu tauschen – es muss darüber hinaus auch ein echter

Kontakt zustande kommen und vertieft werden. Clevererweise könnten Sie daher all jenen, von denen Sie bei einer Veranstaltung eine Visitenkarte erhalten haben, in den Folgetagen (nicht später, sonst ist es zu schwer sich zu erinnern) eine kleine Nachricht senden und sich für den schönen Kontakt bedanken sowie eine interessante Information mitschicken (beispielsweise einen Hinweis auf eine Veranstaltung, einen Artikel oder ähnliches – also etwas, das Sie beide verbindet bzw. sicher für den anderen von Interesse ist –, machen Sie sich attraktiv (vgl. Abschn. 3.2.1, Attraktivität). Beispielsweise „Liebe Frau Meyer, gerne erinnere ich mich an unseren Austausch auf der Tagung der vergangenen Woche und insbesondere unser spannendes Gespräch zu xyz. Anbei sende ich Ihnen noch einen Hinweis auf die Website von abc/einen Artikel zu abc/den Flyer von abc, vielleicht ist dies für Sie ja von Interesse. Mit freundlichen Grüßen".

Kontakte müssen gepflegt werden, um o. g. positive Funktionen zu erfüllen. Wie zuvor schon erwähnt: Nicht die Anzahl Ihrer Kontakte ist entscheidend, sondern die Qualität der Kontakte. Und ein zu großer Bekanntenkreis lässt sich nun mal nicht mehr pflegen, zumindest nicht, wenn man hauptberuflich noch etwas anderes zu tun hat. Beschränken Sie sich daher auf die für Sie bedeutsamen Kontakte und kümmern Sie sich konstant um diese. „Stay in touch" ist das Credo!

Investieren Sie! Neben der reinen Kontaktpflege sollten Sie sich selbst auch aktiv einbringen. Schließlich heißt das Ganze „net-working", also Arbeit und nicht „net-pleasure". Als Richtschnur gilt in Networking-Kreisen die 70-20-10-Regel (vgl. Abb. 8.1):

- 70 % Ihrer Netzwerk-Zeit sollten Sie damit verbringen, anderen Nutzen zu stiften, beispielsweise Kontakte

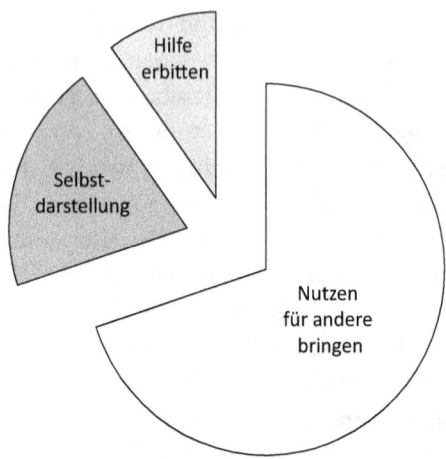

Abb. 8.1 Die Verteilung des für Ihr Networking eingesetzten Zeitaufwands nach der 70-20-10 % Regel

herstellen, Anrufe für diese erledigen, Hilfen zukommen lassen. Mehrheitlich geht es also um die anderen und nicht um Sie und Ihren unmittelbaren Nutzen!
- 20 % können Sie auf Ihre (wohldosierte, nicht angeberische) Selbstdarstellung verwenden. Erzählen Sie (bodenständig, ganz ohne Prahlerei), was Sie bewegt, wofür Sie sich engagieren, wonach Sie streben, wer Sie sind – aber bitte erst, nachdem man sich nach den 70 % anfängt, für Sie zu interessieren.
- 10 % Ihrer Netzwerkzeit dürfen Sie darauf verwenden, Ihrerseits Hilfestellungen zu erbitten. Da Sie Hilfe anderer erst erwarten sollten, wenn bereits echte Beziehungen entstanden sind, ist dies auch nach den 90 % Zeitinvestment anzuraten, denn bis dahin konnten die anderen Sie kennenlernen, Vertrauen zu Ihnen aufbauen und Sie als Ressource wahrnehmen. Im Sinne des Gegenseitigkeits-Prinzips (vgl. Abschn. 7.3.2) werden Sie nun ebenfalls in den Genuss der Unterstützung der anderen kommen können.

Ein halbherziges Networking (beispielsweise nur formales Mitglied sein, aber nichts aktiv mitmachen oder aber im „falschen", d. h. zu Ihnen unpassenden Netzwerk aktiv sein oder in einem, in dem man in keinster Weise „ankommt" mit seinem Engagement) sollten Sie gleich sein lassen.

Die Welt da draußen muss wissen, wofür Sie stehen! Tragen Sie dazu bei, dass Sie in den Köpfen der Menschen hängen bleiben. Dies erfordert zweierlei:

- *dass Sie das Netzwerk, das Sie bespielen, adäquat bedienen können, d. h. dass Sie verstehen, wie es in sich funktioniert.* Fragen Sie sich beispielsweise: Wofür steht das Netzwerk, was sind Ausrichtung, Sinn und Zweck? Wer sind die wichtigen Mitglieder? Was zeichnet das Netzwerk aus, was kann es leisten? Was wird wie gern gesehen, was funktioniert an Themen und Interaktionen, was sind eher NoGo's oder „versandende" Themen und Vorgehensweisen? Je besser Sie um die ungeschriebenen Regeln wissen, die wichtigen „Player" kennen und den „richtigen Ton" treffen, umso einfacher werden Sie es haben.
- *dass Sie erreichen, dass das Netzwerk versteht, für welche Themen Sie stehen und diese eine Sichtbarkeit erhalten.* Sorgen Sie dafür, dass man Sie innerhalb Ihres Netzwerks „kennt". Beachten Sie u. a. folgende Aspekte: Wie soll man Sie finden, buchen, fördern, wenn man von Ihnen nicht weiß? Wie gut sind Sie im Netzwerk zu finden (und auch darüber hinaus, wenn man Sie beispielsweise googelt)? Was tun Sie, damit Sie im Netzwerk präsent sind bzw. wahrgenommen werden? Wenn Sie regelmäßig mit Ihren Themen und Ihrer Expertise in den sozialen Netzwerken auftauchen, vermitteln Sie Präsenz, werden bekannter und eher einbezogen.

Reflektieren Sie Ihre Wirkung und Ihre Resonanz. Sie sollten wissen, wie gut das Netzwerk und Ihre Wirkung dort sind. Prüfen Sie daher wiederkehrend für sich:

- *Werden Sie in Ihrem Netzwerk als wertvolles Mitglied wahrgenommen oder laufen Sie nur „unter ferner Liefen" mit?* Hierzu könnten Sie sich beispielsweise fragen: Erhalten Sie Resonanz auf Anfragen, werden Sie einbezogen, angefragt, Ihre Inhalte aufgegriffen etc. oder aber sind Sie „nur dabei", bleiben aber unscheinbar und unbeachtet? Werden Sie vielleicht sogar angegangen, ausgegrenzt oder bewusst übersehen? Inwiefern könnten Sie – angesichts des hier angelesenen Wissens – Ihr Verhalten ändern und optimieren? (beispielsweise sich mehr aktiv einbringen oder nochmals einen genaueren Blick auf die Zielsetzung des Netzwerks und dessen ungeschriebene Regeln werfen, …)
- *Oder bespielen Sie vielleicht das für Sie „falsche" Netzwerk?* Erfüllt das Netzwerk die von Ihnen gewünschten Funktionen (siehe Abschn. 8.1) für Sie nach wie vor? Ist das Netzwerk in sich funktionierend, d. h. bringen sich die Netzwerkpartner quantitativ wie qualitativ ausreichend ein? Falls nein, könnten Sie hier gestaltend eingreifen/Einfluss nehmen oder sollten Sie das Netzwerk ad acta legen?

Mindestens jährlich sollten Sie eine solche „Evaluation" Ihres Networking-Handelns vornehmen; wer nicht regelmäßig evaluiert, kann nicht sicher sein, dass er noch wirksam agiert.

8.2.2 Networking in den Social Media

Wenn Sie an Social Media denken, haben Sie vermutlich auch die Flut unterschiedlichster Kanäle vor Augen, seien es Facebook, Twitter, Instagram, Xing oder LinkedIn und Sie wissen gar nicht, wo Sie anfangen und wo Sie aufhören sollten, sich damit zu befassen. Was sind die wichtigsten Aspekte, die Sie speziell in Social Media-Netzwerken beachten sollten?

Den richtigen Kanal auswählen. Es gibt zwar sehr viele Online-Netzwerke, die sich Ihnen anbieten, doch wenn Sie einen genaueren Blick darauf werfen, werden Sie merken: Sie alle haben unterschiedliche Ausrichtungen und Zielgruppen, damit auch entsprechend sehr unterschiedliche Vor- und Nachteile. Damit ist das Wichtigste überhaupt: Sie müssen für sich definieren, welches Ziel Sie mit einem Netzwerk erreichen und welche Themen oder Inhalte Sie platzieren möchten. Daraus ergibt sich dann die Auswahl des richtigen Kanals. Instagram ist beispielsweise besonders geeignet, wenn Sie „greifbare" Produkte platzieren möchten (beispielsweise Kleidung), steht hingegen Ihre Persönlichkeit/Expertise und eine damit verbundene Dienstleistung im Fokus (beispielsweise Personal Training), so ist Twitter eher geeignet. Um darauf aufbauend nun den Kanal „adäquat zu bespielen", sind wiederum eine erfolgreiche Strategie und etwas Kenntnis des geeigneten Vorgehens und Selbstdarstellens erforderlich. (Um nur einmal einen Kanal herauszugreifen: Beispielsweise benötigen Sie für Instagram emotionale Bilder, inklusive prägnanter Keywords und Hashtags sowie die Entscheidung, wem Sie auf welche Weise „folgen" und mit wem Sie sich verlinken wollen.)

Inhalte verpacken – Storytelling betreiben. Grundsätzlich gilt: Inhalte sind so spannend, wie Sie sie verpacken. In den Sozialen Medien besteht die Besonderheit, dass Sie in der Flut an Informationen herausstechen müssen, dafür Sorge tragen müssen, dass man an Ihrem Beitrag „hängen bleibt" und so lange innehält, dass man ihn erfasst (gelesen/gehört) hat (vorzugsweise gelingt dies über prägnante Headlines und emotionale Bilder). Kurzum, es sollte Ihnen gelingen, Ihre Inhalte zu einer spannenden Story aufzubereiten, denn nur dann werden Sie wahrgenommen, können andere für Ihre Ideen begeistern, sie dazu bringen, in Interaktion zu treten und einen Austausch bewirken. Fragen Sie sich daher, was denjenigen, den Sie erreichen wollen, interessiert, wie Sie Ihren Inhalt so aufbereiten können, dass er ihn faszinieren kann, wie Sie denjenigen für Ihre Ideen oder Themen begeistern können (beispielsweise welche Probleme oder Interessen hat derjenige, die ihn dazu bringen, dieses Medium zu nutzen). Beachten Sie darüber hinaus, mit wieviel Zeit und Muße jemand dieses Medium nutzt, denn je mehr nur „drüber gescrollt" wird, desto rascher muss etwas Spannendes erkennbar sein und den Nutzer innehalten lassen (siehe auch „Kundenorientierung" in Abschn. 8.2.1).

Interaktivität erzeugen. Bedenken Sie, dass Social Media von der Interaktion der Nutzer leben und nicht von einer einseitigen Fütterung vorlesungsartiger Inhalte Ihrerseits. Sobald Sie bereit sind, in Ihrem Kanal mit den Nutzern zu interagieren, steigt der Anreiz, Ihnen zu folgen. Interaktion ist deutlich spannender als eine rein einseitige Darstellungsweise, die ohne Nachhall bleibt. „Interaktion" bedeutet hier nicht nur eine Interaktion mit Ihnen, sondern auch eine der Netzwerknutzer untereinander. Je nach Social-Media-Kanal kann dies eine in die Tiefe gehende fachliche Diskussion, das Teilen von Inhalten anderer oder auch nur das Liken von Inhalten beinhalten. Alle diese Fälle spiegeln Interesse und Engagement der Beteiligten wieder und genau das ist das, was zählt.

Mit Authentizität agieren. Haben Sie sich gerade verlesen? Sie sollen in den sozialen Medien authentisch agieren? Ist das nicht ein Widerspruch in sich? Nun, es ist „wichtig, die eigene, passende Tonalität zu finden. Wer vom Typ her eher seriös ist, sollte auch auf seinen Social-Media-Kanälen versuchen, seriös herüberzukommen. Auch umgekehrt gilt: Wer im echten Leben den Schalk im Nacken hat, sollte sich auch nicht scheuen, sich auf den Kanälen entsprechend humorvoll zu geben. Je echter und realistischer die Tonalität ist, desto erfolgreicher wird die Kommunikation über die Social Media funktionieren. Auf das Thema Networking zugespitzt bedeutet das, die Tonalität als einen Teilaspekt des Erwartungsmanagements zu verstehen. Es bringt nichts, ein verzerrtes Bild zu vermitteln und damit falsche Erwartungen zu erzeugen" (aus Onaran, 2019, S. 60 f.). Glaubwürdigkeit bedeutet zu halten, was man durch den selbst gewählten Eindruck vermittelt und ist nicht nur im face-to-face-Kontakt, sondern gerade auch online das A und O.

8.2.3 Die Bange vor dem Networking

Was hält Sie bei allem, was Sie nun gelesen haben, noch davon ab zu networken? Nichts? Dann ist es gut, dann überspringen Sie diesen Abschnitt und legen los. Wenn Sie doch noch Bedenken haben, dann vielleicht diese?

- Haben Sie vielleicht Angst vor einem *Shitstorm* in den Social Media? Nun, die ist am Anfang immer dabei, das gehört dazu, verliert sich aber meist mit der Zeit, und zwar sobald Sie das Medium besser beherrschen und Sicherheit im Umgang mit diesem gewonnen haben. Bedenken Sie: auch kritische Aufmerksamkeit ist Aufmerksamkeit, die Sie für Ihre Anliegen nutzen können!

- Bereitet Ihnen vielleicht der mit Networking verbundene *Zeitfaktor* Kopfzerbrechen? In der Tat kostet Networking Zeit, doch wenn Sie es gezielt und überlegt angehen, ist dies rundum gut investierte und wohldosierte Zeit. Denken Sie an Abschn. 1.3.3 zur Veränderung von Gewohnheiten und seien Sie geduldig mit sich: Sie betreten Neuland, es gibt viel zu lernen und wie beim Erlernen des Autofahrens dauert anfangs länger, was man später ohne nachzudenken umsetzt.
- Oder sind Sie *unsicher,* wie der für Sie geeignete Networking-Weg aussähe (Wo wie mit was und auf welche Weise präsentieren?)? Dann nehmen Sie sich einen entsprechenden Coach oder Berater hinzu.
- Möglicherweise haben Sie auch *schlechte Vorerfahrungen* mit Networking gemacht? Dann hinterfragen Sie diese bitte, bevor Sie grundsätzlich in Bezug auf Networking „die Flinte ins Korn werfen": Gab es negative Erlebnisse, die Sie bis heute noch immer abschrecken? Wer oder was nervt und kostet nur Zeit? Wer oder was fehlt in Ihren Netzwerken? Bräuchte es interessante Neuzugänge/Neumitglieder? Wo ließen die sich herbekommen/anfragen? Welche Erwartungshaltung haben Sie an Ihre Rolle in Netzwerken: Konsument oder aktiver Gestalter? Sind Sie selber ausreichend aktiv im Netzwerk? Mit wem haben Sie hier häufig zu tun? Wie nutzen Sie die 70-20-10 %-Verteilung? Wer unterstützt Sie? Ist dies qualitativ gut oder wie könnten Sie dies verbessern? Falls Sie mehrere oder noch nicht das „richtige" Netzwerk bespielen: Welches wäre das für Sie optimale Netzwerk, auf das Sie sich fokussieren sollten?

Privat wie beruflich wird es sich lohnen, ein gutes Networking zu betreiben! Fassen Sie sich daher ein Herz, seien Sie engagiert und konstruktiv dabei. Und wenn Sie nun noch Ihre Resonanz und Wirkung im Blick haben, so werden Sie auch die Lorbeeren Ihres Investments ernten.

8.3 Take-Home-Message

Socializing ist die Basis, die Sie benötigen, um mit anderen in Kontakt zu kommen. Darauf aufbauend können Sie dann die gewonnenen Kontakte nutzen, um ein Netzwerk zu bespielen. Erfolgreiche Netzwerke bieten Ihnen zahlreiche Vorteile und Funktionen – doch setzen sie zugleich voraus, dass Sie nicht nur passiver Nutznießer des Ganzen sind, sondern einerseits eine kontinuierliche Kontaktpflege betreiben und sich andererseits aktiv miteinbringen. Empfehlenswert ist hier das Vorgehen nach der 70-20-10-%-Regel: 70 % der Netzwerkzeit damit zu verbringen, Unterstützung anzubieten, 20 % der Zeit sich selbst vorzustellen, zu präsentieren und persönlich einzubringen sowie 10 % der Zeit das Netzwerk für sich selbst zu nutzen und Hilfen in Anspruch zu nehmen. Machen Sie sich Gedanken, wie es um Ihre Networkingfähigkeiten und -tätigkeiten steht und optimieren Sie diese, es wird sich lohnen!

Literatur

Casciaro, T., Gino, F., & Kouchaki, M. (2014). The contaminating effects of building instrumental ties: How networking can make us feel dirty. *Administrative Science Quarterly, 59*(4), 705–735.

Gibson, D. E. (2004). Role models in career development: New directions for theory and research. *Journal of vocational behavior, 65*(1), 134–156.

Haas, M. (2020). *Vergesst Networking oder macht es richtig.* Vahlen.

Onaran, T. (2019). *Die Netzwerkbibel. Zehn Gebote für erfolgreiches Networking.* Springer.

Scott, G., Ciarrochi, J., & Deane, F. P. (2004). Disadvantages of being an individualist in an individualistic culture: Idiocentrism, emotional competence, stress, and mental health. *Australian Psychologist, 39*(2), 143–154.

Werth, L., & Sedlbauer, K. (2011). *In Forschung und Lehre professionell agieren*. Deutscher Hochschulverband.

Werth, L., & Steidle, A. (2021). *Personal in Hochschule und Wissenschaft professionell führen*. Deutscher Hochschulverband.

Stichwortverzeichnis

A

Abschied 170
Adelstitel 158
Ähnlichkeit 83
Aktiv Zuhören 60
Ambiente, Wirkung von 134, 136
Anfang s. Beginn
Ankommen s. Eintreffen
Anstoßen 163
Assoziation mit Positivem 90
Attraktivität 80
Aufhalten der Tür
   Beim Eintreffen 150
   Beim Rausgehen 175
Aufstehen
   Bei Begrüßung 154
   bei Tisch 165
Aufstoßen 169
Auftreten 139
Ausstrahlung s. Charisma
Authentizität 35, 50, 199

B

Bedanken
   beim Gastgeber/für die Einladung 145, 174, 178
   beim Service 178
Beenden 172
Beginn 148
Begrüßung 152
   Ablauf 152
   Garderobe 151
Bekleckern 168

Benehmen s. Umgangsformen
Bezahlen 145, 171
Beziehungsfähigkeit 13
Blickkontakt 40
Bodyfeedback 39, 42, 43
Businessdress 46

C

Charisma 74
Corona Virus 21

D

Dank s. Bedanken;
    Gastgeschenk
Dialekt 55
Diskretion
    Bezahlung 171
    Niesen, Verschlucken etc. 169
    Reklamation 167
    Toilette 165
Distant Socializing 21
Distanzzone, angemessene 45
Dress for success 47

E

Einfühlungsvermögen 13
Einladung 148
Eintreffen
    Gastgeberrolle 149
    Gastrolle 149
Empfangsbereich 177
Ende s. Beenden
Entgegenkommen 154

Entschuldigung bei Missgeschicken 168
Erinnerung 132
Erinnerungsstützen 161, 178
Erster Eindruck 32
    Bestandteile 33
Essen 132
    Qualitative Mängel 166
Etikette s. Umgangsformen
Expressivität 74
Extraversion 13

F

Faktenbuch 178
Fehler
    in der Rechnung 171
Fingernägel 47
first impression error 32
Formulierungen 56, 119
Fragen stellen 58, 63, 122

G

Garderobe
    Abnehmen/Ablegen 151
    Anlegen/Anziehen 175
Gastgeberrolle 140
Gastgeschenk 142
Gastrolle 140
Gegenseitigkeit s. Prinzip der Gegenseitigkeit
Gelassenheit 14, 42, 45
Gemeinsamkeiten 86
Gestik 42
Gesundheit! 170
Gewohnheit 16

Glaubwürdigkeit 35, 39, 47, 51, 199
Gräten 167
Guten Appetit! 164

H
Halo-Effekt 32
Händedruck 154
Handschlag 153
Handzeichen 164
Herumspielen 42
Heruntergefallenes 168
Hierarchiestufe, Begrüßung 153
Hosenschlitz 169
Hosentasche 42, 154
Husten 169

I
Interesse am anderen 15

J
Jacke s. Garderobe

K
Kaffee 173
Käufer-Verkäufer-Konstellation s. Bezahlen
Kellner 165
Kerne 167
Kleckern 168
Kleiderordnung 31
Kleidung 46
Kontakt, in Kontakt gehen 18
Kontrolle 75
Körperhaltung 43
Körpersprache s. auch Nonverbales Verhalten
beim Begrüßen 154

L
Lächeln 40
Location 135
Lokalität 135

M
Mahlzeit! 164
Mantel s. Garderobe
Mere-Exposure-Effekt 88
Mimik 40, 61
Mindestabstand 45
Missgeschicke 168
Modulation 51

N
Nachbereitung 178
Nachschenken 162
Namen verwenden 153, 155
Networking 184
  in den Social Media 196
  Vorbehalte 199
  Vorgehen 189
  Vorteile, Funktionen 185
  Ziel 185
Netzwerke s. Networking

Nicken
  beim Antrinken 164
  beim Begrüßen 153
Niesen 169
Nonverbale Kommunikation
  Kleidung 46
  Nonverbales Verhalten 38
  Objekte 36
Nonverbales Verhalten
  Definition 36
Notizen 156, 161, 178
Nudel 169

O

Ober 165
Objekte s. Nonverbale
  Kommunikation,
  Objekte
Orientierung 140
Outfit 48
overdressed 49

P

paraverbale Merkmale 50
Peinlichkeiten
  beim Essen 168
  beim Small Talk 106
periphere Merkmale 134
Persönlichkeitseigenschaften
  und Socializing 12
Primacy-Effekt 149
Prinzip der Gegenseitigkeit
  (Reziprozität) 147
Pros(i)t! 164
Pünktlichkeit 149

Q

Qualität
  des Ambientes 135
  des Essens 134
  eines Small Talks 100
  von Kontakten 5, 193

R

Recency-Effekt 170
Rechnung s. Bezahlen 145
Reflektieren 18
Reklamation 166
Reziprozität s. Prinzip der
  Gegenseitigkeit
Rufen des Service 164

S

Schnäuzen 169
Schwierigkeiten, Umgang mit
  bei Fehlern, Reklamation
    166
  bei Small Talk 108
Selbstvorstellung 124
  Nonverbales Verhalten 116
  Paraverbales Verhalten 116
  Verbales Verhalten 117
  Vorbereitung 113
Selbstwertgefühl 12
Sensitivität 75
Service herbeirufen 164
Sitzhaltung 44, 163
Small Talk
  Ablauf 101
  Aufgabe 100
  Definition 100

Gesprächsthemen 105
Schwierigkeiten 108
Vorbereitung 107
Social Distance s. Distant Socializing
Socializing
  Bedeutung 5
  Bestandteile 9
  Definition 8
  Einflussfaktoren 12
  Einstellung und innere Haltung 14
  in Zeiten von Social Distancing 22
  Persönlichkeit und Fähigkeiten 12
  Training und Gewohnheiten 16
  virtuell 23
Social Media s. Networking in den Social Media
soften-up-strategy 135
Soziale Handlungskompetenz 13
Sozialkompetenz 13
Sprechgeschwindigkeit 51
Stimmhöhe 50
Stimmigkeit (Kongruenz) 35
Stimmung 25, 39, 41, 51, 76
Sympathie 78

Taxi 172, 173
Tischdekoration 162
Tischmanieren 141
Titel, Umgang mit 157

Toilette 166
Türaufhalten
  Beim Eintreffen 150
  Beim Rausbegleiten 175

U

Umgangsformen 10, 139, 141
underdressed 49
Ungenießbares 167

V

Verabschiedung 177
Verbale Wirkung 52
Verlassen des Tisches 165
Verlegenheitshandlungen 42
Verschlucken 169
Verschütten 168
Verspätung 149
Vertrautheit 88
Visitenkarte 158
Vorbereitung
  eines Treffens 141
  Selbstvorstellung 113
  Small Talk 107
Vorstellung
  der eigenen Person 112, 114, 116
  Eines anderen 155

W

Wassernachschenken 162
WC 166
Weggehen vom Tisch 165

Wirkung
   Nonverbale 36
   Paraverbale 50
   Verbale 52
   von Personen 33
Wohlbefinden 6, 39, 58, 134, 148, 162

Z

Zahlungsübernahme 171
Zahnstocher 170
Zuhören 60

GPSR Compliance
The European Union's (EU) General Product Safety Regulation (GPSR) is a set of rules that requires consumer products to be safe and our obligations to ensure this.

If you have any concerns about our products, you can contact us on

ProductSafety@springernature.com

In case Publisher is established outside the EU, the EU authorized representative is:

Springer Nature Customer Service Center GmbH
Europaplatz 3
69115 Heidelberg, Germany

www.ingramcontent.com/pod-product-compliance
Lightning Source LLC
LaVergne TN
LVHW020345260326
834688LV00045B/1535